# 劳动育人模式创新研究

石 英◎著

吉林出版集团股份有限公司

图书在版编目（CIP）数据

劳动育人模式创新研究 / 石英著. —— 长春 : 吉林
出版集团股份有限公司, 2021.11
ISBN 978-7-5731-0879-1

Ⅰ.①劳… Ⅱ.①石… Ⅲ.①劳动教育—教学研究—
职业教育 Ⅳ.①G40-015

中国版本图书馆CIP数据核字(2021)第241831号

## 劳动育人模式创新研究

作　　者 / 石　英
责任编辑 / 蔡宏浩
封面设计 / 万典文化
开　　本 / 787mm×1092mm　1/16
字　　数 / 200 千字
印　　张 / 9.25
印　　数 / 1—1000
版　　次 / 2021 年 11 月第 1 版
印　　次 / 2022 年 9 月第 2 次印刷
出　　版 / 吉林出版集团股份有限公司
发　　行 / 吉林音像出版社有限责任公司
地　　址 / 长春市福祉大路 5788 号
电　　话 / 010 - 81130031
印　　刷 / 北京七彩京通数码快印有限公司

ISBN 978-7-5731-0879-1　　　　　定价 / 60.00 元

# 前　言

随着社会经济的迅速发展，科学技术日新月异，社会文明越来越受到人们的重视，德育工作也成为了学校教育的重点工作之一。我国学校德育逐步摆脱政治教育的狭隘，开始关注生活，关注人与社会的共同发展。陶行知是我国近代著名的教育学家、教育改革实践家以及德育思想家。他为中国的教育事业鞠躬尽瘁，倾注了毕生的心血，在极为艰苦的环境中为世人创造了极其丰富的教育思想和理论，生活德育思想是其中非常重要的内容，它的理论基础雄厚、内涵丰富，且作为陶行知生活教育理论的核心和重要组成部分而贯穿始终。"生活中育德，生活中育人"是德育工作的实施理念，以生活为定向，德育"生活化"的理念对于我国学校的德育工作具有现实而深远的意义。德育本源于生活，最终的目的也是为生活服务，德性养成也需经由生活，因此，高校只有采取实践生活化德育模式，使学生走进丰富的生活世界，激发学生完美的生活需求，才能真正担负起为社会培养经济建设人才的重任。

当前，我国高等教育发展过程中存在德智体美劳发展的"不均衡"问题使得大学生劳动素质教育工作面临新的挑战，怎样解决大学生劳动教育中存在的不足和引发的问题？　劳动教育是大学生思想政治教育工作的重要内容，当前大学生劳动教育工作存在应试教育模式评价机制单一、劳动教育和引导不足、高校缺乏劳动实践制度安排等问题。构建多元协调的组织体系、健全的教学体系、完备的实践体系，不仅是解决大学生劳动素质缺乏困境的客观要求，也是构建新时代大学生劳动教育创新模式的有益尝试。

本书在编写过程中，参考借鉴了一些专家、学者的研究成果，并得到了各方的帮助和支持，在此表示最诚挚的谢意。由于时间仓促，加之编者的知识水平有限，书中难免有许多疏漏、不足之处，希望广大读者不吝赐教。

# 目 录

# 第一章 德育现状与方法、形式的创新

## 第一节 德育的内涵

德育是各个社会共有的教育现象，具有社会性，与人类社会共始终。德育随着社会发展变化而发生变化，具有历史性。德育在阶级和民族存在的社会具有阶级性和民族性。在德育历史发展过程中，其原理、原则和内容方法等存在一定的共同性，因此德育具有继承性。德育是对学生进行思想、政治、道德和心理品质的教育。思想教育是形成学生一定的世界观、人生观的教育；政治教育是形成学生一定的政治观念、信念和政治信仰的教育；道德教育即促进学生道德发展的教育。可以说，我国德育是一种涵盖整个社会意识形态的"大德育"。然而，品德的发展，世界观、人生观的形成，政治觉悟的提高，各属于不同层面的问题，其过程机制相差甚大，不能以一样的手段、方法，通过一样的途径，遵循一样的原则，来实施思想教育、政治教育和道德教育。

广义的德育指所有有目的、有计划地对社会成员在政治、思想与道德等方面施加影响的活动，包括社会德育、社区德育、学校德育和家庭德育等方面。

狭义的德育专指学校德育。学校德育是指教育者按照一定的社会或阶级要求，有目的、有计划、有系统地对受教育者施加思想、政治和道德等方面的影响，并通过受教育者积极的认识、体验与践行，以使其形成一定社会与阶级所需要的品德的教育活动，即教育者有目的地培养受教育者品德的活动。

青少年时期是道德品质形成的关键时期。道德品质是一定社会的道德原则和规范在个人的思想、行为中的体现。德育是教育者培养受教育者品德的活动。德育是思想教育、政治教育、法纪教育和道德教育的总称。德育教育包括家庭德育、学校德育、社会德育。德育教育是当今中国社会思想政治教育的基础，对学生进行良好的德育教育是广大教育工作者所肩负的使命，对学生未来良好的发展起到了奠基作用，所以应把道德教育放在所有教育工作的首要核心地位。

## 一、德育的主要目标分成以下四个部分：

### （一）爱党、爱国、爱人民，认同中华文化

教育引导学生热爱中国共产党，热爱祖国，热爱人民，认同中华文化，继承革命传统，弘扬民族精神，理解基本的社会规范和道德规范，树立规则意识、法治观念，培养公民意识，掌握促进身心健康发展的途径和方法，养成热爱劳动、自主自立、意志坚强的生活态度，形成尊重他人、乐于助人、善于合作、勇于创新等良好品质。

德育的任务是把全体学生培养成为爱国的、具有社会公德的、行为习惯文明的、遵纪守法的公民。在这个基础上，引导他们逐步确立科学的人生观、世界观，并不断提高社会觉悟，使他们中的优秀分子将来能够成为坚定的共产主义者。

### （二）培养学生初步树立坚定正确的政治方向

没有正确的政治观点，就等于没有灵魂。德育应教育学生树立坚定正确的政治方向，坚持社会主义道路，坚持党的领导，热爱祖国，热爱人民，立志为社会主义现代化建设事业努力奋斗。

### （三）引导学生逐步确立科学的人生观和世界观

德育应教育学生正确地认识与处理个人、集体和国家的关系，正确认识人生价值，树立全心全意为人民服务的思想和科学的人生观；还要培养学生勇于实践、实事求是的作风，养成尊重科学的态度，提高辨别是非的能力，形成辩证唯物主义和历史唯物主义的世界观。

### （四）引导学生形成知行统一的道德品质

很多德育工作者把德育的目的放在了给予学生"正确结论"上，而忽视了用"正确结论"产生的过程来加强学生的体验——学生的知性因缺乏强烈的体验而脱钩。

德育教育是人心和灵魂的教育，是一个人内在修养的教育，是一个人能否成功的教育。很多学生知道那么多的大道理，可偏偏不按照正确的方式行动。我们应该回顾一下历史，中国五千年传统文化的影响，从我们出生就在强调尊老爱幼，强调要养成良好的品行，传统思想品德教育以儒家思想为主流，中国人民在长期的道德教育实践和对道德教育规律的认识过程中，逐渐形成了具有中华民族特色的道德教育思想。常言有道：以仁治国，以德服天下。可见德育教育的重要性。通过思想品德教育，培养学生具有先进的思想、高尚的道德，就能充分发挥精神力量对社会发展的促进作用。同时，德育是促进人的全面发展教育的一个重要组成部分。人的全面发展教育的核心就是教会学生做人和创造性的工作，其中思想品德的健康发展是首要的。良好的思想品德会使人有博大的胸怀、远大的志向、高尚的情操。否则就会失去动力和方向，难以成功成才。

## 二、什么是德育

在我国近代教育史上，曾用过"道德教育"和"训育"等概念，以示德育。而明确使用"德育"概念的，是西方资产阶级教育思想输入我国之后，我国著名教育家陶行知先生在《中国教育改造》一书中，谈到学生自治问题时说："近世所倡的自动主义有三部分：智育注重自学，体育注重自强，德育注重自治。"这里，他明确使用了"德育"的概念，并把它看成整个教学不可分割的组成部分。

中华人民共和国成立以来，在德育概念的表述上，有的按苏联教育学上的用法，用狭义教育表示德育；有的用我国思想政治工作的习惯用法，称德育为"思想政治教育"；有的说德育就是道德教育、政治立场和世界观教育。凡此等等，说法不一。当然，这些说法其含义大体相同，但又各自有所侧重。在我们了解的这些德育说法中比较被认同的就是以下四种：

### （一）第一种说法

广义的德育指所有有目的、有计划地对社会成员在政治、思想与道德等方面施加影响的活动，包括社会德育、社区德育、学校德育和家庭德育等方面。

狭义的德育专指学校德育。学校德育是指教育者按照一定的社会或阶级要求，有目的、有计划、有系统地对受教育者施加思想、政治和道德等方面的影响，并通过受教育者积极的认识、体验与践行，以使其形成一定社会与阶级所需要的品德的教育活动，即教育者有目的地培养受教育者品德的活动。

### （二）第二种说法

德育就是教师有目的地培养学生品德的活动０对于德育范畴的具体理解与界定从不同的角度往往可以得出不同的结论。不同的德育定义是不同德育观的反映，对德育实践也会产生不同的影响。对德育概念具体理解的不同之处主要集中在两个方面。一是德育的内容主要包括哪些，二是如何理解德育过程。

狭义的德育专指道德教育，亦即西方教育理论所讲的 moral education。在我国，许多人并不赞成这一定义，认为德育应包含更多的内容。一种广义的德育概念解释为：与伦理学体系中的德育概念（专指道德教育）不同，"教育学上的德育，则是相对于智育和美育来划分的，它的范围很广，包括培养学生的思想品质、政治品质和道德品质"。另外还有更为广义的德育界定，认为德育除思想、政治、品德方面的教育之外，还应当包括法治教育、心理教育、性教育、青春期教育，甚至还应包括环境教育、预防艾滋病教育等。

### （三）第三种说法

按照马克思主义的辩证唯物主义哲学观，凡是事物皆是一个矛盾体，矛盾有两个对立的方面构成。德育也是由两个对立的方面构成，一方面是道德教育者（在学校是教师），另一方面是道德学习者（在学校是学生）。这里，矛盾的主要方面是学生。所以，所谓德育，一方面对于学生来说，作为道德学习者，要主动地学习德育，是道德教育的主体，视道德学习为自己生命的一部分，道德好，人格崇高，生命幸福；道德不好，人格渺小，生命悲哀。另一方面对教师来说，教师是道德教育者，教师要为学生创造道德学习的环境和条件，促进学生由道德无知到道德有知，并且化为道德行为，形成正确的行为习惯，正确的价值取向，正确的行为选择。简言之，德育就是教师创造学生进行道德学习的环境和条件，促进学生良好行为习惯的养成，即德育的本质和内涵。

（四）第四种说法

我国古代把"教"字解释为"觉悟"，就是说"教"就是提高人的觉悟，即德育的意思。在古代的教育思想中，特别要求统治者善于教化民众，"得民心以治天下"。我国古代名著《学记》里说："建国君民，教学为先。""君子欲化及成俗，其必由学乎。"孟子说："善政不如教之得民也。善政民畏之，善教民爱之。善政得民财，善教得民心。"这里所讲的"教学""教""学"都是讲教化之意。我国"四书五经"中的《大学》里指出："大学之道，在明明德，在亲民，在止于至善。"这里所讲的"大学之道"的"道"，即教育；而"明明德""亲民""至善"讲的都是德育的内容。因此，古人讲"道"，实质上讲的是德育。我国古代教育家，虽还没有用德育的概念，但都主张统治者对民众施以德育，以此作为统治人民的手段。

三、道德与德育区别

道德是以善恶评价为标准，依靠社会舆论、传统习惯和内心信念的力量来调整人与人、人与社会、人与国家之间关系的意识形态和行为规范。道德属于社会范畴。

（一）道德类型与德育

道德是维持人类社会正常生活的基本的行为规范。人类生活可以分为私人生活、社会生活、职业生活三个基本领域，调节这三个生活领域的道德规范分别是私德、公德和职业道德。私德是私人生活中的道德规范，指个人品德、修养、作风、习惯以及个人生活中处理爱情、家庭及邻里关系的道德规范；公德是国家及社会生活中的道德规范，也叫国民公德与社会公德；职业道德是职业生活中的道德规范。

从德育类型划分的角度来说，德育包括私德、公德和职业道德教育。私德教育即培养学生的私人生活的道德意识及行为习惯，如相互尊重、相互体谅、相互关心、诚实、忠诚、敬老爱幼等；公德教育即培养学生的国家与社会生活的道德意识和符合社会公德的行为习惯，如遵守社会公共秩序，注意公共卫生，爱护公共财物，保护环境，见义勇为，维护民族尊严和民族团结等；职业道德教育即培养学生职业生活的道德意识及合乎道德规范的行为习惯，如忠于职守，勤恳工作，廉洁奉公，团结合作等。

（二）道德层次与德育

公德、私德、职业道德均含三个层次的道德要求。即道德理想，道德原则，道德规则。德育包含理想、原则、规则层次的道德教育。

道德理想教育即运用道德倡议形式激励学生的高尚行为。道德理想是一种难以完全达到的境界，却给学生树立一个不断追求的终极目标，激励着学生努力践行道德行为。

道德原则教育即运用道德指令或道德倡议指导学生的正确行为。道德原则是学校认为学生可以而且应当达到的要求，但在实施中具有一定的灵活性。它是指导学生行为的基本准则。道德规则教育即运用道德禁令或道德指令形式约束学生的不良行为。这是因为，道德规则是不可违反的最低限度要求，是必须执行的。其中肯定性规则起指导作用，否定性规则起约束作用。

（三）品德与德育

品德是一定的道德规范在个人思想和行为中表现出来的较为稳定的特点和倾向，是道德认知、道德情感、道德行为等构成的综合体。品德属于个体范畴。

道德认知是个体道德品质形成的基础；道德情感在道德品质形成过程中起着激发、选择和调控的作用；道德行为是在一定的道德意识、道德动机支配下所表现出来的行为举止，是衡量个体道德品质的重要依据。

从道德任务的角度说，德育包括发展学生的道德认识、陶冶学生的道德情感、培养学生的道德行为等三个相互联系的方面。


# 第二节 德育方法、形式的创新

方法是主体为了达到预期目的，在认识世界和改造世界中所采用的方式和手段。新媒体的发展使德育方法从静态走向动态，从平面化变为立体化。应运用网络媒体、手机媒体等新媒体平台创新德育方法，改进德育形式，创新运用自主性德育、参与性德育、主体间性德育等形式，突出德育的针对性和实效性。

## 一、运用新媒体创新德育方法

### （一）运用网络媒体创新德育

1. 互联网已成为最主要的新媒体

首先，加强社会网站建设，使之成为对大学生进行教育的重要阵地。社会网站具有专业技术力量强、信息量大、形式新颖等优势，对大学生具有较强的吸引力。社会网站包括新闻网站、网络论坛社区、社交网站等。

2. 加强高校校园网络建设，发挥其德育功能

提高高校网络道德建设的水平和效果，坚持重在建设的原则，完善校园网络系统。校园网络建设应体现五个"统一"，即互联性与特色性的统一、知识性与思想性的统一、丰富性与主流性的统一、疏导性与互动性的统一、教育性与服务性的统一。

3. 建设高校专题德育网站、德育论坛，搭建网络德育平台

可以将德育网站挂在学校学工部或团委的网站上，也可以单独设立专题网站。还可以根据工作需要设立专题网站，如科学发展观网站、创先争优网站。目前学校德育网站存在的问题是内容相对单一、形式较单调、对学生的吸引力不大。应在坚持社会主义核心价值体系为指导的前提下，将教育内容丰富化、形象化、数字化，增强网站的吸引力和凝聚力，发挥德育网站对学生的教育作用。可以设立校园论坛，可以让学生针对社会问题自由发表言论，教师给予适当引导，效果较好；绝大多数学校设立了百度校园贴吧，成为大学生发表言论、老师了解学生思想的平台；而人人网等校园社交网站，成为教师和学生都比较喜欢参与的交流平台，达到相互了解、互通信息、交流感情和心得的目的。

4. 建设德育博客、微博，发挥其教育作用

博客、微博作为新兴媒介在大学生中产生了广泛影响。博客、微博对传统传播理论的突破。一是传统"把关人"在博客、微博中的缺失。由于博客的匿名性、交互性、平等性，人们可以随心所欲在网上发布信息，人们既是信息的接受者又是信息的发布者，这使得过去大众传媒组织所特有的把关特权开始为广大的公众享有，在传统传播环境下由少数传播组织控制把关权的状况被庞大的博客"把关人"所颠覆。二是博客、微博突显了议程设置功能的非权利化。大众传媒的议程设置受到政治、经济和意识形态关系的影响，带上了权力色彩。议程设置功能在博客中存在的方式、所起的效用不同于传统媒体，最大限度地淡化了议程设置的权力色彩，突显出非权力化的议程设置特点。由门户网站和传统媒介主导，博客网站在自身信息筛选的过程中靠近传统大众媒介的口味，呈现一种潜在的议程设置，符合上一级选择条件的博客能参与到整个传播链条中去，不符合选择标准的博客个人站点将逐渐退出博客传播的过程。三是博客、微博挣脱"沉默的螺旋"的轨迹。博客的出现打破了传统媒体的垄断，公众掌握了更大的话语权，"沉默的螺旋"理论正在被打破。博客的匿名性降低了从众现象的发生，博客的个人性和平等

性避免了行为的趋同化，博客的进步性体现了公开表达个人意见的愿望，在舆论的产生过程中，被传统媒体忽视的议题在博客里都可以得到有效传播。博客在一定程度上挣脱了"沉默的螺旋"的轨迹。

## 二、运用手机媒体创新德育

手机媒体的基本特征是数字化，最大的优势是携带和使用方便。手机媒体作为网络媒体的延伸，具有交互性强、信息获取快、传播快、更新快等特征。这些特征使得手机媒体渗透到生活的各个层面，深刻影响着人类的传播活动。

运用手机媒体对学生进行德育。手机媒体给大学生思想道德带来了较大影响。手机已成为大学生生活中必不可少的物品。由于手机媒体本身以及手机文化的自身特点，其对大学生思想道德产生了较大影响。根据手机媒体的特点，创新德育的方式主要有以下几种。

第一，运用手机短信等平台，对学生进行互动、平等的参与式德育。传统德育效果低下的原因之一是教育以教师说教为主，教师对学生处于居高临下的姿态，学生参与程度较低。运用手机短信平台，教师与学生可以进行双向或多向的互动交流，而且可以根据学生的具体情况进行定向的交流，有利于学生在教育过程中的参与，利于形成平等的教育关系，可以提高教育的针对性和实际效果。

第二，开发德育手机报平台，对学生进行社会主义核心价值体系的教育。如何使社会主义核心价值体系的内容入耳、入脑、入心，是对学生进行教育的重点和难点。运用手机报的定向发送、无条件接收的特点，可以开发专题的德育手机报平台，也可以结合普通的手机报，在内容上增加德育方面的内容，同时注意把社会主义核心价值体系的内容形象化、具体化、数字化，从而使社会主义核心价值体系的内容以润物细无声的方式进入学生的视野和大脑。

第三，运用手机短信群发等功能，对学生进行学业、就业指导等服务。手机短信的群发功能是对学生进行服务的很好的平台，运用手机短信群发功能，可以把学生选课情况、就业招聘单位、招聘会等信息以短信的形式通知给学生，使广大学生在第一时间获取信息并为下一步的学习和就业做好准备。

第四，通过红色短信大赛等形式，发挥学生自我教育的作用。学生是接受教育的主体，也是自我教育的主体，如何发挥学生在教育中的主体作用是教育取得成效的关键。在手机媒体运用普及的今天，收发短信成为大学生之间交流的重要方式。通过开展红色短信大赛等形式，引导学生开发内容健康积极的短信，远离垃圾和不健康的短信，增强学生对道德信息的选择和判断能力。

### 三、运用电视新媒体创新德育

电视新媒体包括数字电视、IPTV、移动电视与户外新媒体等。

运用户外、车载、电梯间的电视媒体等，传播优秀道德和价值观。根据户外、车载、电梯间的电视媒体强迫收视的特点，将社会主义核心价值观的内容数字化、形象化地展现在人们面前，使人们在潜移默化中受到教育和熏陶。同时通过这些媒体对优秀道德的传播，营造良好的道德建设环境与氛围。

运用校园电视平台，对学生进行德育。校园电视是学生在学校中收看电视节目的主要工具，一般放置在宿舍和教室里。校园电视除了播放国家和省市电视台的节目外，还可以播放学校电视台自制的节目。学校可以结合学校和学生自身的特点，制作与学生生活紧密相关的、内容健康向上的电视节目，对学生起到引导和教育的作用；同时可以增加学生与校园电视互动的机会，通过学生参与节目制作，在节目播出过程中短信参与、有奖竞答等形式，把学生吸引到积极健康的优秀校园电视节目中来，让学生在参与中接受教育。

### 四、运用新媒体改进德育的形式

#### （一）自主性德育

自主性德育是一种肯定德育主体具有相对独立地位和权利的德育，是一种充分肯定德育主体内在道德需要的德育，是一种内化了社会需要并对社会完全负责的德育，是一种充分地体现人的生存价值和生命意义的德育。

1. 自主性德育的现实诉求

首先，新媒体环境产生了实行自主性德育的迫切需求。当代社会在现代科技的冲击下发生了重要的变化，特别是建立在新媒体等现代科技基础之上的信息化趋势，使国际化社会的概念日益普及和日常化，国与国之间的信息传递日益简单和快捷，多样化社会对人的个性素质要求越来越直接和深刻。因此，一方面，现代社会造就了人的个性发展的环境和空间；另一方面，现代社会对人的个性化要求越来越高。作为人的个性化特征的人的自主性，也必然成为社会和个人发展追求的目标。由于新媒体的全球性的、去中心化的交互性使人们的交流跨越了时空和国界，这需要培养学生走向他人、学会交往、学会合作的社会历史人格，使人从孤独的个人走向富而有礼的整体，从孤立的自我走向高尚、友谊、互助的群体。所有这一切可以说都需要以人的自主性为前提。

2. 自主性德育的价值观

自主性德育是促使教育者和受教育者充分地发挥个体教、学自主性的德育。新媒体视域下，培养和生成受教育者自主性的道德意识、道德能力、道德习惯，是自主性德育追求的价值目标。自主性德育所依据和主张的以个人自主为主，是意在推动传统德育中的以他律为主的德育方式向以自律为主的德育方式方向转化。这种德育思想要求学校德育一方面要考虑社会的道德需要，另一方面则应该考虑受教育者及教育者个人的道德需要，并考虑德育的自愿性、自觉性、意义性等特点，着重通过促进道德主体的自我道德意识的增强和道德自觉性的增加来增强德育的效果。由于新媒体环境是一个以法律规范为主导、主要依靠个体道德自律来维持秩序的空间，这种德育方式有利于提高学生的道德水平。在德育的管理方面，应该结合新媒体的特点，运用新媒体为介体和手段，促进传统的封闭式、单一式、半强制式的德育管理体制向开放式、多样化、民主性的德育活动组织体制转化，使德育活动更符合德育规律，使德育活动成为教育者和受教育者都自觉、自愿、自主、自由、愉快参与的活动，使德育真正发挥提升人的精神和人格的作用。自主性德育的价值观念，应该能够积极有效地促使教育者和受教育者两方面都能充分地表现人的超越性、高尚性、自主性，真正地促进学校德育质量的提高。

3. 自主性德育的目的观

自主性德育的目的无疑是培养具有自主性道德的人，而一个具有自主性道德的人，其人格结构则可能逻辑地表现为自主性道德意识、道德能力、道德习惯、道德精神等，其关键之处在于受教育者的自主性德性素质的培养方面。而最注重道德自主性的新媒体环境，为坚持和发展自主性德育的目的提供了条件。倡导和宣扬受教育者个体的自主性意识，倡导公民个体权利意识、责任意识、民主意识，是对我们以往的"自律"道德意识的发展，促使道德主体不仅要主动地约束自己，使自己的行为符合社会道德的要求，还明确地要求道德主体能够和坚持自己为自己做主，学会自己决定自己的事情。这要求德育不仅要向学生合理地传授道德知识和道德意识，而且要促进受教育者既将这些道德知识内化为自己的思想和信念，又将这些道德知识转化为受教育者的道德行为和道德习惯，可能时还应该化为他们的道德精神。自主性德育所追求的目的是培养受教育者的自主性德性素质，由于作为德育主体的受教育者要经历由道德意识向道德行为、道德习惯、道德精神的一系列转化，从而使德育主体的德性素质成长成为一个逻辑、生成、持续的发展过程，也使受教育者的德性素质养成将具备生成性、稳定性、开放性、正义性等特征，从而为自主性德育目的的内涵，赋予了时代和革命意义。

4. 自主性德育的活动机制

自主性德育的活动机制，是指由决定自主性德育活动的各种条件、要素、力量所形成的决定自主性德育是这样活动而不是那样活动的控制系统，这个系统决定着自主性德育的方向、方式、趋势，是自主性德育活动内在的决定因素。首先，新媒体视域下的自主性德育活动机制具有自身的特点。成人是自主性德育活动机制的逻辑起点。一是由自然人向社会人再向道德自律的人的转化。新媒体环境对于促进学生向道德自律的人的转化具有更重要的作用，基于新媒体而开展的德育活动从其活动的起点处就坚持尊重教育者和受教育者的人格和权利，承认并坚持教育者和受教育者的自由和自主权利。二是由"单子式"的个人向世界历史性的个人方向发展。新媒体广泛互动交往的特点、新媒体文化中的社群文化对于促进学生由"单子式"的个人向世界历史性的个人方向发展很有益处。"单子式"个人主要是指每个个人都是以一种彼此分离、孤立、封闭的单子方式生存着，人与人之间缺乏一种开放性的精神交往和合作，人在本质上是一种"孤独的个人"。新媒体视域下通过社群交往、互动交流的自主性德育，以受教育者自由、自主为特征的德育模式，是以人作为一个权利和责任的统一体为前提的。在这种教育模式中，无论是教育者还是受教育者，每个人都是一个独立、自由的个体，都有与他人（任何人）平等的法定权利和自由，也有与他人（任何人）相同的责任和义务。新媒体视域下的自主性德育有助于学生确立主体意识和主体地位，并帮助学生摆脱单子式的状态。其次，新媒体视域下自主性德育活动机制的主要原则。新媒体视域下，自主性德育在其活动机制的建构中，将结合新媒体的特点，发挥其优势，努力坚持多样性、开放性、有效性的原则。多样性是指在学校德育的活动形式上，既要坚持传统德育活动中有效的课堂教学和课外活动的形式，又要努力开拓一些新的德育形式，诸如网上与网下结合的参与性教学、活动性教学等。自主性德育的开放性，表明其活动机制不会将自己局限于一时一地，而是将自己置于社会发展的大环境之中。在国际化、民族化的德育学习和借鉴以外，自主性德育的开放性还包括在具体的德育活动中，以灵活多样的形式完成德育的使命。自主性德育的有效性是指根据新媒体的特点，使教育活动的形式和内容符合学生的特点和成长、成才的需要，注重德育的有效性。

（二）参与式德育

参与式德育的实质是生活德育、活动德育、体验性德育、社会化德育，是学生在真实的生活（包括学校、家庭、社会）中通过参与活动和亲身实践来体验的德育。与我们倡导创设德育情境不同，参与式德育更强调真实、自然、无痕的社会生活场景。

新媒体环境与参与式德育的契合。一方面，新媒体环境对参与式德育提出了迫切要求。新媒体传播的特点决定了其为德育提供了一个与以往不同的教育环境。新媒体环境对传统以灌输为主的教育模式提出了挑战，迫切需要构建与新媒体相适应的、现代开放的参与式德育。新媒体的开放性、信息的海量性产生了实行参与式德育的诉求。新媒体改变了以往众多媒体地域性传播的特点，新媒体空间上的开放性导致了新媒体传播地域上的全球覆盖，时间与空间上的开放性导致了信息的海量存储，而由于"把关人"的监管不到位，这使得信息良莠不齐，对学生的价值观和思想冲击较大，仅靠传统的灌输式教育较难奏效，迫切需要以学生参与为主的、充分发挥学生主动性的参与式教育。另一方面，新媒体环境为参与式德育的实施提供了机遇与条件。新媒体环境在对参与式教育提出迫切要求的同时，也创造了参与式德育构建的有利条件。新媒体的交互性与即时性为学生创造了参与德育活动、确立主体地位的有利条件。新媒体的互动性是新媒体信息发布的低门槛和信息传播方式的灵活性所带来的直接结果。互动性不仅体现在传受双方交流的增强，还体现在整个信息形成过程的改变。信息不再依赖于某一方发出，而是在双方的交流过程中形成。新媒体最大的吸引力就是用户的主导性、自主性得到了空前地增强。同时，新媒体是即时传播，用户可以随时随地"面对面"地交流这些传播特点比较有利于学生参与到教育活动中，不必受时间和空间的限制，而且增加了教育者与受教育者的即时沟通交流，使得彼此相互了解和理解，有益于提高教育效果。新媒体的个性化与社群化为学生创造了较广泛的交往环境，新媒体真正实现了个性化服务。用户可以自由地选择信息接收的时间、地点以及媒介的形式，传者可以用"信息推送技术"，根据用户的需求为他推送信息的专门化服务。新媒体传播不仅具有综合性、主动性、参与性、渗透性和操作性的特点，而且具有灵活性、开放性和交互性的特点。新媒体个性化的特点为学生自主选择学习的内容、培养和发展学生的个性创造了条件。新媒体的社区、BBS和自由论坛等充斥在虚拟空间中，这些社群往往形成一些很牢固的人际互动网络。学生通过参加社群内的活动，可以就某些话题交换意见，这对于培养学生的群体意识与合作性具有较大作用。新媒体的匿名性、虚拟性为学生创造了较真实的生活和社会环境。由于新媒体的匿名性、虚拟性，教师和学生都可以隐去身份，较真实地表达自己的内心想法，有利于创设较真实的生活和社会环境，让学生没有心理负担地进行道德选择和道德判断。因此，新媒体环境为参与式德育的实施提供了很好的机遇与条件。

参与性德育的实施可以分为以下几个方面。

1.运用新媒体，构建学校、社会和家庭参与的大德育格局，形成德育合力

现代社会的教育已不是单纯的学校教育或家庭教育，参与式德育需要社会、学校、家长、学生的共同参与。因此应顺应教育的综合化发展趋势，形成学校、社会和家庭齐抓共管、多管齐下的合力，促进学生的全面发展。新媒体的开放性为建立学校、家庭、社会之间的立体联系，构建大德育格局创造了条件。通过建立辅导员博客、德育网站、校长信箱、家长反馈平台、班级博客、校友之窗网站等平台，让家长了解学校的教育情况并可即时反馈意见，让学生了解学校和辅导员的情况并即时互动，让社会参与到学校教育中来。通过网上联系与网下联系相结合，建立学校、学生和教师与家庭、社会之间走出去和请进来的互动。面向社会开展德育，学生价值观的变化和道德行为、观念就能在较大程度上与社会发展相契合。"学生直面社会培养出的

道德能力，使其进入社会后能从容面对和处理复杂的社会道德现象和道德交往实践。"

2. 运用新媒体增强学生的参与性，发挥学生在教育中的主体性作用

在学校德育中，教师应意识到不同学生的特殊性和差异性，以学生为本。学生是主体，是关键，是目的，充分发挥学生的自主性和能动性。新媒体是全面参与的、充分展现个性的媒体，学生可以自由在新媒体空间中浏览信息、发表言论、上传视频和图片，而博客、微博等相对固定的新媒体为培养自主的、理性的个体提供了平台。德育工作者可以通过议程设置功能对网站、论坛的内容、问题进行有效设置，引导学生参与到讨论中，并通过讨论自主做出道德判断和道德选择。

3. 运用新媒体让学生参与人际交往中的道德实践

新媒体的最显著特点是广泛的交互性，人们可以通过新媒体与世界各地的人们进行广泛交流，这样就拓展了学生的交往空间。同时新媒体的去中心化和虚拟性，使得新媒体中没有领导与被领导，只有身份平等的新媒体用户，新媒体为大学生创设了广泛的、平等的交往空间。学生通过在新媒体中的交往，去深化或改变生活中已有的道德观念，因此学生在新媒体中的自我教育因素比较多。教育者可以通过与学生在线交流、加入社群，并通过较强的影响力获得社群的倡导者身份，从而对学生进行有效的教育。

五、主体间性德育

主体间性（Inter-subjectivity）一词可翻译为交互主体性、主体之间性、主体际性等。现象学大师胡塞尔认为自我与他我通过拥有共同世界而形成一个共同体，单一的主体性也因之而过渡到主体间性，这种主体间性是通过"共现""统觉""移情"而实现的。海德格尔认为主体间性是主体与主体之间的共在，是"我"与他人对同一客观对象的认同。哈贝马斯认为主体间性是人与人在交往中形成的精神沟通、主体的相互理解与共识。

主体间性德育是新媒体发展的必然要求。随着新媒体的快速发展，人类逐渐进入新媒体时代，在新媒体空间中，人与人的交往呈现两大特点：其一是"去中心化"。新媒体的隐匿性、虚拟性使人们具有安全感，使人与人之间的交往更加自主开放。在这里没有领导者和被领导者，只有倾诉者和倾听者，各种道德标准在新媒体交往中只会越来越趋向统一，因为符合社会要求的各种道德标准是这种交往的基础。其二是信息共享。新媒体的开放性使其成为信息的海洋，供人们分享，人们在分享的同时，又为这个海洋提供新的资源。信息共享还体现为一种人与人之间的平等的双向的交往，捧出自己的思想，接纳别人的思想。但同时新媒体空间中海量的信息是良莠不齐的，有些是有害的。要以社会主义核心价值体系来引导新媒体的发展，充分考虑

受教者的兴趣爱好，遵循新媒体传播的特点和规律，对学生进行教育。单子式的主体性德育常常是教育者为唯一的主体，只注重教育者单向的信息输出，受教育者成了信息的唯一分享者，他们很少有输出信息的权利、机会。这样的德育在新媒体视域下是行不通的。因此，德育的主体间性转向是新媒体发展的迫切要求，体现了德育与时俱进的时代特征。

最后，新媒体视域下主体间性德育的实现路径。主体间性德育理论认为，在德育实践中，教育者和受教育者双方的地位是平等的，彼此之间要互相尊重、信任和理解。我们要以主体间性德育理论为指导，根据新媒体的特点，在新媒体德育过程中突出主体间性的实现。

教育者运用新媒体，采取各种途径把德育信息传播给受教育者。一是教育者把受教育者放在与自己交流互动的同一平台上，根据受教育者的兴趣、需要和现实个性有针对性地进行教育，促进其全面和谐发展。二是教育者可以通过电子邮件、心理网站、德育网站，采用自由讨论、平等对话等形式，运用启发式、互动式、交流式的教育方式解决受教育者的思想问题。三是教育者要把教育内容数字化，利用多媒体形式占领新媒体阵地。

受教育者充分发挥自己的主体性。一方面，受教育者面对新媒体空间良莠不齐的信息，主动地选择接收信息，这同时是一个受教育者提高辨别能力的过程。另一方面，主体间性理论以交互性作为其存在的基础，受教育者借助新媒体平台，充分发挥自己的能动性，通过与教育者相互沟通和理解的一种良性互动，受教育者把社会主导的价值观纳入自己的认知范畴加以消化和吸收，并自觉地外化为良好的行为习惯。

主体间交往过程是一个双向互动的过程。在新媒体德育中，教育者和受教育者互相信任、共同对话，是一种平等的参与合作的关系。受教育者不仅可以迅速地反馈信息，而且也可以积极地影响他人，转化成教育者。教育者和受教育者在共享中相互促进、共同发展，建构了一种双向互动、开放性、探索式的德育模式。

# 第二章 德育生活化视域下德育与"生活主义

## 第一节 生活哲学

生活哲学家，可以理解为对世界和生活进行沉思的人。生活哲学，即生活主义哲学。陶行知是一位生活哲学家，他的生活哲学就是他曾提出的"生活主义"："生活主义包含万状，凡人生一切所需皆属之。其范围之广，实与教育等。"生活主义、生活哲学，亦即生活教育。这三种东西，名称相异而意义相同。"凡主义之作用，所以指导进行之方法。"陶行知早年将生活主义归纳为四大类，即职业之生活，消闲之生活，社交之生活，自然界之生活，而道德贯穿于四大生活乃至整个人类生活——诸如陶行知后来提出的康健的生活、劳动的生活、科学的生活、艺术的生活、改造社会的生活、政治经济生活、集体生活等等——之始终。这就是说，以主义相称者，都含有方法论之义，因为"凡主义之作用，所以指导进行之方法"。

德育是生活教育之要义。生活教育教人做人，做好人，其中的德育之功，乃圣功。生活即教育之义为生活作为教育或作为教育的生活，因此，承认并做到生活即教育，之后才有教育即生活。在生活即教育的视野里，德育即生活教育，生活教育即德育，德育即生活，生活即德育。德育为生活所原有，为生活所自营，为生活所必需，德育属于生活，德育为了生活，德育通过生活。

### 一、生活哲学与科学主义哲学之异义

科学主义是从西方近代实验科学产生以来出现的一种哲学思潮，它对现代社会、现代教育的影响甚重。科学主义哲学在19至20世纪给世界、人生带来诸多问题和阻遏，于是生活主义、生活教育等生活哲学理论应运而生。

### （一）生活即人的自我生成之过程

生活哲学首先要回答：何为生活？陶行知将生活界定为："有生命的东西，在一个环境里生生不已的就是生活。"有生命的东西的生生不已就是有生命的东西"通过摄取和排泄来实现

的新陈代谢，是一种自我完成的过程"。就人言之，生活就是人与环境之间相互作用而产生的新陈代谢和自我更新现象，或曰，生活就是人生，就是人的"自我生成之过程"。人的生活，作为人的自我生成过程，又是经由人的对象性活动而实现的。赫勒认为，在生活中，"个人以多种形式使自身对象化。他通过塑造他的世界（他的直接环境）而塑造自身"，"当我把我的世界传递给他人，我是在表达自己对这一世界的体验；当我'传播'我的世界时，我同时也在使曾经占有这个世界的我对象化"。这就是作为主体的社会的人的对象性活动。

人的生活乃是人之于环境的关系性建构，即人的对象性活动，人的感性活动，人的革命的实践。这样，人就并非唯"物"或唯"事物"的人（旧唯物主义的"人"），亦非唯"心"或唯"精神"的人（唯心主义的"人"）。生活哲学观照的人乃人之精神与物质交互作用而建构的实践的人、现实的人、生成的人。这是一种具体的人，具体的社会关系中的人，而不是抽象的人。卡尔·马克思说，人是"对象性的、感性的存在物"，即是说，人是对象性关系中的具体的人。人的一生正是通过这种对象性的感性的活动，通过革命的实践，通过作为教育的生活（life as education），而持续地自我建构、自我生成。陶行知曾言：有吃饭的生活，便有吃饭的教育；有穿衣的生活，便有穿衣的教育；有男女的生活，便有男女的教育。过什么生活便是受什么教育：过康健的生活便是受康健的教育；过科学的生活便是受科学的教育；过劳动的生活便是受劳动的教育；过艺术的生活便是受艺术的教育；过社会革命的生活便是受社会革命的教育。所以，生活即教育。人的现实生活过程具有教育作用，亦是人之自我建构、自我生成。人在生活中，亦在教育中，生活意味着教育，意味着人的自我生成、自我生长。

（二）生活世界观与科学主义世界观之异趣

生活哲学的世界观是"生活世界观"，它是相对于科学主义的世界观（科学世界观）而言的。近代哲学的世界观是一种科学主义的世界观。它是牛顿力学所描绘的自然观的哲学化，是一种天人二致、主客两分的世界观。此种世界观把世界看作与人无关的、本质既定的、独立自存的、自我封闭的、只有线条而无色彩的实体性存在。这样一种世界观由于难以说明主客体的统一，易于导向人与自然的相互奴役，而被现代哲学所摒弃。马克思从来不谈论与人无关的自然、世界或存在，而只讲人的现实世界。而人的现实世界无非是他们的实际生活过程。

生活世界观是一种生成性思维。世界观本身即是"观"世界，包含观世界什么，怎样观世界，等等。生成性思维重创造、过程、个性、差异。近代科学世界观是本质主义思维。此种思维认定任何事物都有其先天的恒定本质，不论事物如何发展，事物的本质都不会改变。这样，人便是客观世界之外的渺小的旁观者，是自然的仆役，它必须顺从自然。而顺从的前提是认识自然，认识事物的本质。这种本质主义思维把人之外、之上或之后的异世（科学世界、理念世界）或超世（神学世界）作为世界的本质或本质的世界，并用彼岸世界来解释人生活于其中的周围世界、此岸世界。相反，生活世界观则不承认异世或超世的存在，它认为只有人生活于其中的现世，并从现世即人自身或人的生活出发来解释人、世界以及异世或超世的产生气简而言之，本质主义思维是一种"岸上学游泳"的思维方式，而生成性思维则是一种"水中学游泳"的思维方式，其表征的是天人合一式的心路历程，即对象的人化和人的对象化，二者皆经由生活实践和生活体验路径，是属于同一过程的不同思维运作。

## 二、科学主义教育哲学之现实偏差

现代教育所面临的诸多问题，从根本上说就是科学主义教育哲学的偏差所致。

### （一）教育的效率主义疏于人的生活

科学主义教育哲学只重视效果、效率及社会效益，而并未将人、人生、人的生活考虑在内。正如学者葛剑雄所批评的：大学在招聘或录取研究生时"就看是否名校，是否985、211大学。同样是这些学校的毕业生，还要拼其他条件，成绩积点、竞赛、实习、社团、证照，甚至户籍、相貌、家庭条件、社会关系，多多益善"。在这些"多多益善"的条件面前，人还是一个整个的人吗？学生如此，教师何尝不是！大学教师既要有教学工作分满足教学工作量，又要有科研工作分，还有社会服务工作；既要发表论文、论著，又要跑课题、争项目、拼奖项，以应付针对教师的名目繁多的考核。套用中小学生的话"分分分，学生的命根；考考考，老师的法宝"，大学教师现如今是"分分分，老师的命根；考考考，领导的法宝"。大学人，实实在在地"碎片化""命分化"了，成了陶行知所批评的"不完全、命分式的人"，遑论"做一个整个的人""培养合理的人生"。

### （二）教育的工具主义致使教育异化和错位

科学主义教育哲学过于偏重实用型功利性知识，导致学校发生异化与错位。现代社会，越来越把大学当成工具，与培养现代经济运作所需的知识和技能捆绑在一起，与支持国家发展的科研活动捆绑在一起。这种工具主义方法贬低甚至放弃了大学的深层能量和无形产出，而政府和社会大众从大学获得的利益，大部分正是来自他们的深层能量和无形产出。倘若国内和国际政策环境持续强调短期临时性利益，忽视长期性发展，强调现存已知性，忽视探索求知性，侧重狭窄性，而忽略广博性，那么，各国的大学都将面临丧失影响力的风险。大学教育被当成工具而趋于世俗化、庸俗化，学术的资本化而疏于其追求真理和智力冒险的本体意义，以致丧失其作为一种生活方式的特质和探微知著与创生（创造性生成）的美，最终损害原始性的创新。大学教育走上工具主义道路，使得大学自身发生异化和错位。

（三）教育的专业主义造成人格分裂、人生乏味

科学主义教育哲学过于专业化，而使人才培养趋于实用化、就业导向式，以至于人格的分裂和人生的乏味。过分专业化、单纯强调专业知识灌注与专业技能训练的大学，其"教育青年人的方式，对于青年人的训练，人们接收的大量信息——这一切都有助于人格的分裂"。具体表现为，为了训练的目的，人的理智认识被分割得支离破碎，而其他方面被遗忘，被忽视；为了专门化需要，对青年人应该进行的充分而全面的培养被弄得残缺不全；过高估计提高技术才能的重要性而损害了其他更有人性的品质。阿尔伯特·爱因斯坦曾警告世人："用专业知识教育人是不够的。通过专业教育，他可以成为一种有用的机器，但是不能成为一个和谐发展的人。要使学生对价值有所理解并且产生热诚的感情，那是最基本的。他必须获得对美和道德上的善有鲜明的辨别力。否则，他——连同他的专业知识——就更像一只受过很好训练的狗，而不像是一个和谐发展的人。"专业主义教育的全部注意力，都集中于向学生的头脑灌输更多的关于周围世界的知识、更多的科学真理和道德准则。学生认识了许多事物，了解了许多知识，但是他并不认识和了解自己。

### 三、生活哲学观的教育之价值与使命

（一）生活哲学观与教育具有内在的契合性

生活哲学的生活世界观及其生成性思维方式与教育"独立之精神、自由之思想"特质具有内在的契合性。学术大师陈寅恪所追求的自由思想、独立精神即是一种创生品格——创造性的生成性品格："唯此独立之精神，自由之思想，历千万祀与天壤而同久，共三光而永光。……思想而不自由，毋宁死耳。……我要请的人，要带的徒弟都要有自由思想、独立精神。不是这样，即不是我的学生。"牛津导师的"喷烟"活动体现的即是一种生成式教育理念："对大学生真正有价值的东西，是他周围的生活和环境。一切他真正学到的东西，从某种意义上说，是靠他自己的智力积极活动，不是作为被动的听讲者而学到的。"正如著名经济学家、教育家王亚南所说的："真正的大学教育，并不是要大家到学校里来，张着口，让老师像'填鸭'般地灌进一些在他认为'营养'的东西。而是要大家在就学期间，利用学校的人的、物的环境，利用一切可能的机会，自己去寻觅'食物'，自己去消化。自己找来的东西，自己消化了的东西，往往是最有益于自己身体的。"这又离不开大学"老一辈人"的参与、扶持与帮助。诚如怀特海所言，大学是青年人和老一辈人共同参与的探险活动的家园，其教育是训练对于生活的探险，研究则是智力的探险。大学之所以存在，主要原因并不在于仅仅向学生们传授知识，也不在于仅仅向教师们提供研究的机会，而在于它使青年人和老一辈人融为一体，对学术进行充满想象

力的探索，从而在知识和追求生命的热情之间架起桥梁。这种充满想象力的探索会产生令人兴奋的环境氛围，知识会在这种环境氛围中发生变化。青年人富于想象力，而大学的任务正在于将想象力与经验融为一体，从而加强青年人的想象力，并使这种想象的活力保持终生。

（二）生活哲学观的教育彰显生成的人的本性

生成的人的本性，也就是实践的、现实的人的本性。生活哲学观的教育彰显生成的、实践的、现实的人的本性。生活哲学，不仅批判哲学领域的庸俗主义，更是对整个社会生活领域所发生的庸俗化的抗争，是试图把人从唯"物"主义的泥潭中拯救出来的一种努力。生活世界观的教育将人作为实践主体，意味着人学的转向，人之本性探究的转型。高等教育是"属人"的教育，而不是"唯物"的教育，是"人性"的教育，而不是"人力"的教育。这就是"以塑造完美人格为核心的高等教育哲学"。即高等教育把"人"作为现代化的主体和主题，造就现代化的人——具有主体意识、批判精神和创新能力的实践主体。陶行知在谈到"生活教育现代化"时曾说："做一个现代人必须取得现代的知识，学会现代的技能，感觉现代的问题，并以现代的方法发挥我们的力量。时代是继续不断地前进，我们必得参加在现代生活里面，与时代俱进，才能做一个长久的现代人。"培育现代人，造就整个的人，培养合理的人生，过现代生活，这是生活哲学观的教育的重大使命。

（三）生活哲学观的教育帮助青年人成为他自己

这种教育让青年人清楚地了解过去，直面现实，并清楚地认识人类的久长，深深地意识到地球的渺小，意识到人类个体生活之短暂。与此同时，还让青年人从内心感到个人能够达到的那种伟大，认识到尚有不知的东西。这种人能够真切地认识自己、生命和世界，其心灵反映着世界，也和世界一样伟大。这种人具备了伟大的灵魂，他会敞开心胸，让宇宙间每一处的风自由吹入气这种教育引导学生形成人与人之间的良好关系以及对别人和对集体的适当关系，指导学生理解人们的动机、幻想和疾苦，并教导他们了解和热爱世间万物——男女老幼、飞禽走兽、树木花草、日月星辰。这样，学生就会逐渐养成一种与人同甘共苦、同舟共济的良好品质和体谅、关心他人的情怀。这样的人就能在力所能及的范围内尽量满足他人的愿望和需要，建立人与人之间和谐美好的关系。

（四）生活哲学观的教育本身就是生活

有人曾指出，当初，为了"准备生活"而进入学院和大学的学生现在发现学院和大学本身就是生活，它们不再是一首插曲，而成了主旋律。世界高等教育大会公告提出"高等教育的社会责任"之一，是"高等教育绝非仅仅为了应对现实和未来世界的需要而传递纯粹的技能，更要承担起引导人们致力于构筑和平、捍卫人类权利和实现民主价值等公民道德教育的责任"。

哈佛大学前校长德里克·博克表达了同样的见解，"重要的是向本科学生灌输公民责任和义务感，使他们以后把他们的才干用于处理主要的社会问题"。因此哈佛在大学教育的生活实践方面卓有建树。在哈佛，50%以上的本科生在校期间拿出一定时间辅导贫穷儿童，担任为无家可归人办的中心的工作人员，访问老年人住户，或为某种社会机构工作。这些本科生精力旺盛，才智也很出色。社区服务计划能够帮助穷人，同时有助于本科学生理解那些生活环境和自己极不相同的人的感情和问题。社区服务计划最好的效果是，学生参加了这些活动，将会增长见识，树立助人为乐的思想，成年以后，他们会坚持下去，为社会做出贡献。如果在学校没有参加这种活动，可能不会树立这种思想。这样的高等教育不是仅仅满足于贴近生活、贴近实际，而是活生生的实际生活，是学生对象性的生活实践。

# 第二节 "生活即教育"的哲学意蕴

"生活即教育"是陶行知生活教育理论的核心命题，是陶行知教育理论大厦的基石，是其德育哲学的前提性、基础性命题，是其哲学本体论。自从陶行知提出这一命题后，人们就对它有误释。

## 一、四种歧解

第一种歧解认为"生活即教育"之义为"生活是教育""生活就是教育"，将"即"解释为"是""就是"。这种观点将"即"当作系动词。这样，从句子结构来看，"生活即教育"便为系表结构。系表结构由系动词与谓语构成。系动词，亦称联系动词，它本身有词义，但不能单独用作谓语，后面必须跟表语（亦称补语），构成系表结构说明主语的状况、性质、特征等情况。"即""是"作为状态动词，与补足语"教育"一起构成系表结构，用来说明主语"生活"的性质、特征。显然，这种观点将教育与生活完全混同，混淆了教育与生活的同中之异。显然，这是一种望文生义的释读。如有人认为陶行知将杜威"教育即生活"理论翻个筋斗，换成"生活即教育"，是错误地把"生活"和"教育""社会"和"学校"相混同起来，抹杀了"教育"和"学校"的特殊性，将"教育""学校"低级化、原始化。

对此类误释，陶行知曾有回应："有人说，生活既是教育，那么，便有生活即有教育，又何必要我们去办教育呢？他这句话，分析是对的，断语是错的。"对于此种误"生活就是教育"，陶行知认为，有生活即有教育这一分析是对的，何必要办教育这一结论却是错误的。因为办教育是要用生活来影响生活，"要用前进的生活来引导落后的生活，要大家一起来过前进的生活，受前进的教育。前进的意识要通过生活才算是教人真正的向前去"。

在陶行知的英文著述中，"生活即教育"被译作"life as education"，而不是"life is education"。陶行知是留学美国的学生，自然知道as与is的不同含义与用法。他曾多次申述"生活即教育"的道理，即生活决定教育，教育属于生活，教育通过生活，教育为了生活，其要义为教育与生活相伴随。

第二种歧解认为"生活即教育"之义为"生活靠近教育"或"生活接近教育"，将"即"理解为"靠近""接近"。这种观点将"即"当作及物动词。有学者认为："'生活即教育'与'社会即学校'，这个'即'字，现代汉语认为它的第一种意思是指'靠近''接触'，那么，这就无异于哲学所指把不同事物置于相互依存的统一体中之义。现代汉语认为这个'即'字第二种意思是指'就是'。有人认为这是陶行知将生活与教育、社会与学校混同了。其实，生活与教育以及社会与学校，本来是不同的，这是常识，而用一个'即'字，是要强调两者虽然有差异，但却是一体之物。'生活即教育'与'社会即学校'无非是强调生活与教育以及社会与学校是一个整体。"

这种观点看到了教育与生活之间的差异，并视教育与生活为"一体之物"，这是值得肯定的，但是将"即"解释为"接近""靠近"，当作及物动词，这样，"生活即教育"的意思就是"生活靠近教育"或"生活接近教育"，我认为是失之偏颇的。船泊岸、藤缠树即有"接近、靠近"的意思，但船与岸、藤与树却是两类事物。显然，这种观点将生活与教育视为两个个体、两类不同的事物，这样就离间了生活与教育的统一关系，消解了教育与生活的伴随性和一体两面性。这与陶行知的思想不符。陶行知认为，教育以生活为中心，生活决定教育，生活与生活相摩擦便发生教育的作用，教育是生活反映出来的影子。可见，教育与生活的关系，是相伴随的关系，而不是生活接近教育、靠近教育。

第三种歧解认为"生活即教育"之义为"教育寓于生活之中"，"教育寓于社会之中"。持此观点的人反对将"即"解释为"等于有人将'即'解释为'等于'，说陶行知主张'生活等于教育''社会等于学校'，是不赞成办学校，办教育，这不是荒唐吗？说陶行知不办教育，取消学校，他又怎么会成为教育家？又怎么能把'社会'与'学校'，'生活'与'教育'等同起来呢？这明明是两个各有不同概念的专有名词。"

此论看到了教育与生活的内在联系（"教育寓于生活之中"）和相异之处，以反驳"生活等于教育"的观点，但认为生活与教育是"两个各有不同概念的专有名词"。这是只看生活与教育的不同性、对立性，而忽视二者的统一性和不可分割性。显然，这是将生活与教育分而置之，将它们分割开来，视两者为异类、异质性存在。我们知道，概念反映事物对象的本质属性，其语言形式是词或词组。因此，生活与教育当作"两个各有不同概念的专有名词"，就显现出异质性或异体性——生活与教育被分为两个不同的个体，"便含有彼此相外的意思"。杜威的"教育即生活"命题也有"教育寓于生活"之义，即"教育生活化"。这种"教育寓于生活"论是陶行知所反对的。我们认为，在称谓、指称上，生活（life）与教育（education）之名当然不同。但在所指、所称的意义上，生活（life）与教育（education）其实是同一现象、同一过程的两个不同方面。

第四种歧解认为生活即教育之教育是一种生物过程。这种观点基于陶行知的生活内涵界定——"有生命的东西，在一个环境里生生不已的就是生活"——提出，这种对"生活"的理解，本质上与杜威的生活就是对环境的应付或适应的庸俗进化论是一致的。这种"生活"既没有社会性，又没有阶级性，因而"是生活便是教育""生活与教育是一个东西"，当然"教育"既没有社会性，也没有阶级性。它完全是一种生物过程。进而认为，"生活即教育"的理论抽去了社会生活的社会性和生活的阶级与阶级斗争的本质，把"生活"仅仅看成儿童个体的"生长"和饮食男女的本能活动，而认为教育就来源于这种"生活"，这种生活本身就是教育，"生活"需要就是教育目的。这从根本上否定了教育的社会性和阶级性，否定了其社会上层建筑的功能和职能，也就从根本上否定了教育作为一种特殊的社会现象存在的必要性。

人类生活，在陶行知那里，既有自然属性、生物属性，自然生命的生生不已，就像一粒种子，在不见不闻的地方发芽开花；又有社会属性（精神生命），好像晓庄剧社在舞台演戏一样，即精神生命的生生不已，亦即怀抱着心的生命的生生不已。与杜威所谓的生活本义——"生活就是（生物）通过对环境的行动的自我更新"（Life is a self-renewing process through action upon the environment）侧重于生物属性、自然属性不同，陶行知对生活原义的解释则更强调其社会属性。杜威所谓自我更新的生活奠基于其所谓的"经验"，即身体活动及其感受性之间的联结和连续，沦为狭隘的经验论；生活即教育、生生不已的生活论，摆脱了杜威的经验主义哲学而建立在唯物主义认识论基础上。

二、从"教育即生活"到"生活即教育"

冯友兰曾说，天下至精的道理，往往都是很平常的道理。所以哲学科学上的发明，猛一听说，是很奇怪，一转想，却是极平淡的。哥白尼以前的人，都说日绕地；哥白尼说，也许地绕日。一般人都说"物"先存在，所以我们才能看见它；贝克莱说，也许是有人去看它，它才存在。诸如此类，只在一个转语，当时令人觉得另有天地。陶行知将杜威"教育即生活"的断语转为"生活即教育"，也属冯友兰所说的"一个转语"，是天下至精的道理，是很平常的道理。

天下至精的道理即最高的智慧，也是平常的道理，平凡的事实。最高的智慧，在最平凡的事实里。然而只有曾经超越平凡的事实，去追求最高智慧的人，才能从最平凡的事实里去发现最高的智慧。陶行知就属于这种"曾经超越平凡的事实，去追求最高智慧的人"，从最平凡的事实中发现最高的智慧。

陶行知将"教育即生活""翻了半个筋斗"，虽是半个筋斗，却显示出陶行知与杜威思想的实质性区别。杜威的"教育即生活"意谓教育接近生活、靠近生活，即教育生活化；陶行知的"生活即教育"则意指教育与生活相伴相随，密不可分。

法国教育思想家卢梭已有生活即教育的思想："我们一开始生活，我们就开始教育我们自己了；我们的教育是同我们的生命一起开始的。"教育是为了生活，教育的目的是教人生活。卢梭理想的教育是教人在必要的时候，在冰岛的冰天雪地里或者马耳他岛的灼热的岩石上也能够生活，教育的目的在于教人如何生活，"生活，并不就是呼吸，而是活动，那就是要使用我们的器官，使用我们的感觉、我们的才能以及一切使我们感到我们的存在的本身的各部分。生活得最有意义的人，并不就是年岁活得最大的人，而是对生活最有感受的人"。教育要帮助人过有意义的生活。在卢梭时代，封建社会行将没落，学校教育仍是奢侈品，是少数人的特权。对于多数人而言，教育与生活同在，教育与生命同行，这也是卢梭所理想的教育。

杜威深受卢梭思想的影响，但他并未继承卢梭的衣钵而提炼出"生活即教育"理论。为了其理论的现实价值和社会需要，为了既定社会的利益诉求，杜威所谓的教育意指学校教育。杜威认为，教育即生活，教育即生长，教育即经验的持续不断的改造。杜威是在批判赫尔巴特传统教育的基础上来建构他的生活教育理论的。他所期望的"哥白尼式的革命"就是要使得学校从脱离学生、脱离生活、脱离经验的教育转到以学生为中心、以活动为中心、以经验为中心。因为教育不是为未来生活做准备，而是生活的过程，生活的需要。所以，杜威主张"教育即生活"，"学校即社会"，企图把学校办成一个小社会，"使得每个学校都成为一种雏形的社会生活，以反映大社会生活的各种类型的作业进行活动。当学校能在这样一个小社会里引导和训练每个儿童成为社会的成员，用服务的精神熏陶他，并授予有效的自我指导的工具，我们将有一个有价值的、可爱的、和谐的大社会的最深切而最好的保证"。学校在其自身之内复制了社会生活的典型条件，这样，教育通过学校内的典型生活，走近（社会）生活。

杜威所谓的"革命"是革传统学校教育的命。因为，学校里的教育太枯燥了，必得把社会里的生活搬一些进来，才有意思。于是，便有了"教育生活化""学校社会化"的口号。陶行知认为，这好比一个笼子里面囚着几只小鸟，养鸟者顾念鸟儿寂寞，搬一两根树枝进笼，以便鸟儿跳得好玩，或者再捉几只生物来，给鸟儿做伴儿。这是教育即生活，亦即教育生活化。这是将教育与生活视为异类、异质，因此要"化"。在陶行知看来，"教育生活化"是把生活与教育看作两个个体，这种所谓的生活教育乃假的生活教育。真正的生活教育也就是"生活即教育"，则异于是。如果说"教育即生活"是将教育和生活关在学校的大门里，如同一只鸟关在笼子里的，那么"生活即教育"则是教育极其广阔自由，如同一只鸟放在林子里面的。陶行知曾说，生活教育是以生活为中心之教育。它不是要求教育与生活联络。一提到联络，便含有彼此相外的意思。倘使我们主张教育与生活联络，便不啻承认教育与生活是两个个体，好像一个是张三，一个是李四，平日不相识，现在要互递名片结为朋友。联络的本意原想使教育与生活发生更密切的关系，不知道一把它们看作两个个体，便使它们格外疏远了。生活与教育是一个东西，不是两个东西。在生活教育的观点看来，它们是一个现象的两个名称。是生活便是教育，不是生活便不是教育。分开来说，过什么生活便是受什么教育，"教育与生活不可分割"。"生活即教育"意指教育伴随生活，教育与生活相伴相生。

### 三、生活与教育：一体两面性

教育非建制化时，它与生活同在，是同一过程的两个不同方面，即一体两面。此时生活与教育统一，教育与生活合一，这里的"一"即是"体"，就是人心，生活与教育围绕人心这个"体"而形成两个不可分割的方面。然而教育建制化以后，则与生活隔绝分离，教育变为单纯的学校教育，成为劳心的过程，而与劳力过程分离，而真正的劳力又与劳心过程分离。于是，教育与生活变成两个独立的个体，似成异质性存在。

陶行知提出，生活无时不变，即生活无时不含有教育的意义。到处是生活，即到处是教育；整个的社会是生活的场所，亦即教育的场所。生活含有教育的意义，已为一些希冀改革单纯书本教育的教育思想家所觉察，只不过没有如陶行知明确提上理论高度并付诸实践。例如，有人提出，生活就是伟大的教育者。因为，生活作为个人自身所过的日子，其本身就是一本自然的书籍。这里面蕴藏着开明的教育力量的秘诀。每一个人终其一生都在学习，都在受教育。当人在学习时，其是通过生活进行学习的，没有任何特定的老师，每一物、每一事都在教导人，人是从所有的事物中学习的。生活本身就是人的老师，人是处在不停歇的学习状态中的气在非制度化教育中，一个人是通过共同生活的过程来教育自己的。

教育属于生活，教育伴随生活，教育通过生活，教育为了生活。生活派生教育，生活需要教育，生活与教育同处一个过程，同属人的事体，皆为人心的活动，它们同根同源同生，根于人生，源自生命。生活教育与生俱来，与生同去。教育与生活同出而异名，是一个现象的两个名称，表现出一体两面性，它们同出于生命，同为生命的变化。生命的变化，生活的变化，教育的变化，是同一过程、同一现象。生活是形，教育是影，影之随形，影形不离，影形同质。教育与生活，如影之随形，相伴相随。

教育是人生的必需品，生活决定教育，教育为了生活。生命地向前向上，需要教育的引领与帮助。教育是生活的需要，人生的需要。书本的、狭隘的、字面的、耳目的教育是学校的教育，人生的、广阔的、手脑相长的、身心全顾的教育是生活的教育、生命的教育。教育与生活合一，而不相分离。

陶行知将生活界定为："有生命的东西，在一个环境里生生不已的就是生活。譬如一粒种子一样，它能在不见不闻的地方而发芽开花。从动的方面看起来，好像晓庄剧社在舞台演戏一样。"陶行知在这里指出了恩格斯所说的"最一般的和最简单的生命现象"，有生命的东西即生物，生命是生物的生生不已，如一粒种子的发芽、抽条、开花，是生命活动；舞台上的表演，是生命活动。生命是蛋白体的存在方式，"蛋白体在每一瞬间既是它自身，同时又是别的东西；这种情形和无生命物体所发生的不同，它不是由某种从外面造成的过程所引起的。相反，生命，即通过摄取和排泄来实现的新陈代谢，是一种自我完成的过程"。生命的新陈代谢、自我完成过程即是生生不已的过程，亦即生命的自我生成，人之生命的自我生成。《周易·系辞传上》云：生生之谓易。生生不息就是变易、变化，就是新事物的产生。在陶行知看来，生命意味着"生生"，意味着变易。有生命的东西"从自己周围摄取其他的物质，把它们同化，而体内比较老的部分则分解并且被排泄掉"，岩石无生活，金属无生活，因为它们没有生命。"其他无生命物体在自然过程中也发生变化、分解或结合，可是这样一来它们就不再是以前那样的东西了。岩石经过风化就不再是岩石；金属氧化后就变成锈。"生命的生活特质表现为生物与环境之间的相互作用而产生生命世界的新陈代谢和自我更新现象。生命的变化就是生命的新陈代谢与自我更新，也就是生活的变化。这就是自然生命力，也是一种生活力。

综上所述，在陶行知看来，生活，既是自然生命的生生不已，更是精神生命——怀抱着心的生命——的生生不已。也就是说，人类生活所以生生不已，端赖人心。所以，生活即教育，要生活与生活相摩擦，要用生活影响生活，就是用善的生活影响恶的生活，于是产生生活的火花，即教育的火花；产生生活的变化，即教育的变化。这其实就是人心之真善美需要对于假丑恶动机的斗争，而形成生活地向前、向上、向善。而生活即教育之生活教育可以改造人心、改造生活、改造社会。教育本身就是一项心的事业。正如陶行知所言，教育是心心相印的活动，唯独从心里发出来的东西，才能打到心的深处；教育就是力的表现，力的变化。这种"力"即是"心的力"，也是"心头的力量""心灵里的力量"，是精神力量；教育是教人化人，化人者也为人所化。教育总是互相感化的，互相感化，便是互相改造。陶行知进一步比较了教育力量与其他力量的差异："教育的力量与别种力量不同之点，就在教育的力量是能够达到个个民众的内心里头去的；他能够使民众自己从'心里'发出一种力量来自己团结的。别的力量不能达到内里而只是外面的。他像绳一样，只能把东西捆起来，绳子一断就散了。"教育改造了人心，便也改造了生活，改造了社会。所以，他认为，教育就是生活的改造；教育就是社会的改造。"教育的根本意义是生活之变化。"生活即教育之教育何以能够改造人心，盖因在劳力上劳心，用心以制力，教学做合一。

## 四、"生活即教育"之真义

"生活即教育"之义，既不是"生活就是教育"，又不是"生活接近（靠近）教育"，也不是"教育寓于生活"，而是"教育伴随生活"。

从字面上看，"生活即教育"命题涉及一个核心字——"即"。《辞海》释"即"为：①就，往就。如，即位；即席。②靠近，接近。如，若即若离，可望而不可即。③即是，就是。④便，立刻，马上。如，黎明即起。⑤当，当前。如，即晨，即日，成功在即。⑥倘若。⑦同"则"。《新华字典》释"即"为：①就是。②当时或当地。如即日；即刻；即席发表谈话；即景生情。③便，就。如胜利即在眼前；用毕即行奉还。④靠近。如不即不离。我们认为"生活即教育"中的"即"有"当、当前"或"当时"之义。这要从陶行知的英文著述说起。陶行知将"生活即教育"译为"life as education"，在这里 as 既不是系动词，也不是及物动词，而是连接词，表示时间上的"当……时""与……同时"。在这一字义上，生活即教育的意思就是教育与生活相伴随。生活与教育为同一过程。陶行知也曾使用过"即"字的这一含义，这就是"修养即做事"中的"即"之义："余之修养为动的，修养为事务的修养，即以从事为修养的机会。……做事的时间越发修养；修养的机会，也同等的增加。事与事相接而来，修养的机会，也就没有间断，兴味更是无穷的了。故我以为做事即修养，修养即做事。"②没有在做事之外的修养，也没有无修养的纯粹地做事，两者同处一个过程，是同一过程的两个方面。我们不能将此"即"字解读为"就是"或"等于"，毕竟"修养"与"做事"是两回事，但它们不可分割。"生活即教育"之"即"与"修养即做事"之"即"义同。

从本旨来看，陶行知提出"生活即教育"这一天下至精的道理，很平常的道理，表面上是对其恩师学说"教育即生活"的反动，实际是在其办"教育"——"生活即教育"中的"教育"——的实践过程中提炼出来的，以指导自己的"教育"事业。生活即教育的思想，在陶行知之前即有人提出过，如卢梭。并且有人提出将生活作为教育的资源的生活教育理论，甚至进行了实践与尝试，如裴斯泰洛齐。但是，这些人都没有提出明确而系统的"生活即教育"理论。这是陶行知的一大创造！其理论旨趣在于揭示教育的整体生活性，即教育属于整个生活，教育与真正的生活相伴随，与大众的生活、平民的生活相伴随，而不只是与学校相伴随，与书本相伴随，"生活教育是大众的教育，大众自己办的教育，大众为生活解放而办的教育"。教育是伴随生活的，是伴随整个生活的，是伴随大众生活的。

### 五、生活主义、生活教育与生活哲学

#### （一）生活主义即生活哲学

何为主义？《汉语大词典》给"主义"下的定义包括：①谨守仁义。《逸周书·谥法解》："主义行德曰元。"孔晁注："以义为主，行德政也。"②对事情的主张。《史记·太史公自序》："敢犯颜色，以达主义，不顾其身。"《老残游记》第十一回："其信从者，下自士大夫，上亦至将相而止，主义为逐满。"③犹主旨，主体。梁启超《与林迪臣太守书》："启超谓今日之学校，当以政学为主义，以艺学为附庸。"④以解释词义为主。杨树达《积微居小学述林·论小学书流别》，"世人分别小学书，谓《尔雅》主义，《说文》主形，《切韵》主音，是固然矣。"⑤形成系统的理论学说或思想体系。丁玲《韦护》第三章六："你不是很讨厌我信仰的主义吗？为什么你又要爱我？"如：马克思主义；达尔文主义。⑥一定的社会制度或政治经济体系。如：社会主义；资本主义。⑦思想作风。如：自由主义；主观主义。

①②③④为古汉语之释义与解释方式，⑤⑥⑦是现代汉语之释义，其中②⑤贴近于陶行知生活主义之中的"主义"之含义。②表示"主张""观点""理念"之义，生活主义即关于生活的主张、观点、理念，简曰生活观，这是陶行知在《生利主义之职业教育》一文中首次也是末次所提"生活主义"的含义；⑤则指有系统的理论学说或思想体系，生活主义便是关于生活的系统理论学说，系统的思想体系，这一意义上的生活主义在陶行知后来的思想中变为生活教育了，虽然在上文中他没有提出"生活教育"术语。

陶行知的生活主义哲学，即生活哲学，亦即生活教育哲学。作为现实的哲学，生活哲学是关于现世的、当下的哲学，陶行知的生活主义是关于生活世界的哲学，是现实哲学、现世哲学，他反对的是传统教育哲学和杜威的假生活教育哲学（陶行知将自己的生活教育论称为真包龙图，杜威的则是假包龙图），后者如科学主义哲学一样，也是一种异世哲学，是关于隔世的、离世的哲学。

#### （二）生活教育即生活哲学

杜威认为教育是哲学的实验室，哲学是教育的理论。生活教育是生活所原有的，生活所自营的，生活所需要的，又，生活教育是给生活以教育，用生活来教育，为生活向前向上的需要

而教育，从生活与教育的关系上说，是生活决定教育。这其中即含有本体论、方法论、价值论，也就是生活哲学。这里仅就生活教育的本体论和方法论做一论述。

第一，生活教育的本体论。本体论要挑明存在和思维、物质和意识、自然界和精神谁决定谁的问题。在这个问题上，陶行知有一个从唯心论至唯物论的转变过程，特别是他在创办晓庄试验乡村师范学校（以下简称"晓庄师范"）的过程中所形成的生活教育理论，使其思想臻于唯物论。

恩格斯在《路德维希·费尔巴哈和德国古典哲学的终结》一文中说，思维和存在的关系问题，思维对存在、精神对自然界的关系问题，是全部哲学的基本问题，也是全部哲学的最高问题。什么是本原的，是精神，还是自然界？哲学家依照他们如何回答这个问题而分成了两大阵营。凡是断定精神对自然界来说是本原的，从而归根到底以某种方式承认创世说的人，组成唯心主义阵营；凡是认为自然界是本原的，则属于唯物主义的各种学派。这是马克思主义哲学，也是生活哲学的基本理论。

生活教育是生活所原有的，生活所自营的，又给生活以教育，用生活来教育。这是说教育是生活的，教育又可以改造生活。教育的根本意义是生活之变化。生活无时不变即生活无时不含有教育的意义。

# 第三节 德育即生活教育

我们现在有一种误解，似乎德育就是学校的事，德育就是所谓德育工作者的事，甚至于德育就是德育课、政治课的事。陶行知生活教育要"把学校的一切伸张到大自然界里去"，"要先能做到'社会即学校'，然后才能讲'学校即社会，；要先能做到'生活即教育'，然后才能讲'教育即生活'。要这样的学校才是学校，这样的教育才是教育"。

## 一、生活德育论辨析

有人提出陶行知的德育理论是生活德育论，并认为"构建学校生活德育绝不是取消学校德育。相反，它给学校德育的认真改革提出了更高的要求，以适应现代化生活的需要，推动社会向前发展。当然，在德育理论上加'生活'两字并非画蛇添足，完全是为了恢复陶行知德育理论的原貌，贴近社会生活，注重实效，发挥它应有的作用"。这种观点将陶行知德育理论释为生活德育论，似有不妥；释为学校生活德育，更为偏狭。确实，一段时期内，学校德育流于知识德育、理性德育、空疏德育、说教德育。德育确有脱离生活、脱离实际、脱离学生、脱离社会之嫌。所以，学者们提出了德育回归生活、德育生活化等观点、命题、标语、口号等。教育实践中确有将德育疏离生活之失，而使德育沦为书本上的德育，教室里的德育，甚至于言语上的德育。根据陶行知生活教育理论运作德育，德育与生活不会分割游离。德育是生活所原有，生活所自营，生活所必需，也可以说德育属于生活，是生活的过程，德育为了生活，是生活的需要，德育通过生活，在生活中进行。以生活即教育为先，就有教育即生活，也就有德育即生活。

生活教育本身是一个整体，我们不能将之切割、肢解、强拆。生活教育是教育所有组成部分（德育、智育、体育等）的理念、宗旨与路径。生活教育是德育理念，为了生活是德育宗旨，通过生活是德育路径。我们不能将生活教育分割为生活德育、生活智育、生活体育、生活美育、生活训育、生活健康教育、生活艺术教育、生活文化教育、生活自我教育等等。显然，不能、不应也不必在教育的各组成部分之前加上"生活"。

道德是属人的，人之所在即道德之所在，故道德又是普泛的、全域的，与人生相伴随。到处都有生活，即到处都有道德，道德蕴含于一切生活之中，我们不能像切蛋糕一样切出一块贴上标签并命名为"道德生活"。陶行知对生活的分类（当然，生活是整体，生活是不可以分类的，只是为了说明问题起见，才做这样一种抽象的划分）中，未见"道德生活"一说。他在《生利主义之职业教育》一文中将生活之于教育的关系，分为四类："有关于职业之生活，即有关于职业之教育；有关于消闲之生活，即有关于消闲之教育；有关于社交之生活，即有关于社交之教育；有关于自然界之生活，即有关于自然界之教育。"这是陶行知最早对生活的分类：职业的生活、消闲的生活、社交的生活、自然界的生活。在晓庄师范时，陶行知提出五种生活，并视之为生活教育的五大目标：康健的生活、劳动的生活、科学的生活、艺术的生活、改造社会的生活。他还从性质上，分生活为好生活与坏生活、认真的生活与马虎的生活、合理的生活与不合理的生活、有计划的生活与无计划的生活等等。在育才学校时期，陶行知提出育才学校的全盘教育基础建筑在集体生活上，将集体生活分为：劳动生活、健康生活、政治生活、文化生活，育才学校的集体生活在其总的意义上来说是一种政治生活。在这些生活中，我们没有看到"道德生活"一说。难道是陶行知疏忽了道德生活？非也。道德与生活相伴随，也就是德育与生活相伴随。道德生活或道德教育就是教学做合一。德育不是讲授的、说教的，而是实行的、行动的、体验的。陶行知说："我们培植儿童的时候，若拘束太过，则儿童形容枯槁；如果让他跑，让他跳，让他玩耍，他就能长得活泼有精神。身体如此，道德上的经验又何尝不然。我们德育上的发展，全靠着遇了困难问题的时候，有自由解决的机会。所以遇了一个问题，自己能够想法解决他，就长进了一层判断的经验。问题自决得越多，则经验越发丰富。"所谓"德育上的发展"，意指通过德育所实现的儿童道德发展。德育旨在引导学生行动、体验、实行。

德育就是通过生活，在生活中发展学生"道德上的经验"。

杜威的德育理论也没有冠以"生活"之名，因其生活教育论即表征其德育理论的生活特质。论年龄，杜威活了93岁，有足够的时间丰富其德育理论，但他从未提出生活德育论，我们可以从杜威的主要思想略见一斑。

杜威作为20世纪美国著名哲学家、思想家、教育家，实用主义哲学的创始人之一，进步主义教育运动的代表，其主要教育著作有：《我的教育信条》《学校和社会》《儿童与课程》《民主主义与教育》《明日之学校》《经验与教育》《人的问题》等，杜威从未提过生活德育。

杜威说，"社会生活，就是教育的目的。……教育的目的是要养成配做社会的良好分子的公民。……教育的目的，并不是要造成一班学者或读书人，只要有了书本子上的学问便可完事。他（它）的真正目的，是要造成社会的有用分子。所以良好的国民不是单纯能读几本书，他们一定还能对于社会有所贡献"。这一教育目的观乃是陶行知培养对社会、人类有益的人的目的观的一个重要来源。陶行知认为教育不是培养抱残守缺的只有书本知识和学问的书呆子。当然杜威所讲的教育"要造成社会的有用分子"是对于美国这样的民主社会而言的。杜威以一个比喻——"如果没有输电管把电力送到作坊和工厂，把灯光送到家庭，大发电站的发电机还有什么用处？"——说明，"如果没有我们通常所想的狭义教育，没有我们所想的家庭教育和学校教育，民主主义便不能维持下去，更谈不到发展"。因此，"如果民主社会中的学校要成为真正的教育机关，它对于民主观念的贡献是使知识和了解，简言之，使行动的力量成为个人的内在智慧和性格的一部分"。教育的目的是显而易见的，只不过杜威并未说要通过生活德育达到他所期望的目的。

杜威还提出道德即学，道德即生长，由此延伸，德育过程在它自身以外无目的。"道德就是学，就是生长。"在他看来，成人（包括教师）不应当先入为主地确定一个道德目的，然后移到学生身上，所以他反对直接道德教育，倡导间接道德教育，前者侧重于培养学生关于道德的观念（idea about morality），即"可能永远不起作用和无效，好像很多关于埃及考古学的知识的那种观念"，后者则养成学生道德观念（moral idea），即"不论什么样已成为品性的一部分，因而是行为的工作动机的一部分的那种观念"。直接道德教育，又名之曰"关于道德的教育"，它是"教道德"，其对于个体的影响即使是最好的，但是它在数量上比较小，在影响上比较微弱；而间接道德教育，是通过学校生活的所有机构、手段和资料来进行的，因此，它对人格养成具有更大和更重要的影响。杜威说："用不着讨论所谓直接的道德教育（或最好称为关于道德的教育）的限度或价值，可以从根本上说，将通过教育使道德成长的整个领域进行考虑，直接道德教育的影响，即或是最好的，总是相对地在数量上比较小，在影响上比较轻微的。

因此，这个更大的、间接的和重要的道德教育领域，通过学校生活的所有机构、手段和资料，对人格的成长，就是我们现在的讨论的主题。"杜威完全排斥直接德育，失之偏颇，但是强调间接德育，有其合理性。他的活动课程唯一有效的效果就是道德教育，或者说杜威教育理论在其他教育特别是智育上是失败的，但是在德育上则是成功的。

杜威还认为，"不能有两套伦理学原则，一套是为校内生活，另一套为校外生活。因为行为是一个，因此行为的原则也只是一个。讨论学校的道德教育，好像学校本身是一个单独的机构这个倾向，是很不幸的。学校以及管理学校的人的道义责任是对社会负责。学校基本上是社会建立的一个机构，从事一项特定的工作，——执行某种特殊功能，以维持生活和促进社会福利"。在这些表述和话语中，并没有所谓的生活德育一说。

设若不是英年早逝，陶行知不会也不必提什么生活德育一说。若从生活教育中强拆、瓜分、肢解一部分出来，像分蛋糕一样分出一块，并给以标签化，变成所谓的生活德育，成为一种德育模式，这是不可取的，因为模式化势必造成固化、窄化，乃至僵化。德育模式众多，如主知德育模式、主情德育模式、主行德育模式、体谅德育模式、关心德育模式、价值澄清德育模式、活动德育模式、体验德育模式、生态德育模式、生命德育模式等等，可以公式化为"X+德育"，X表示未知数。所有这些德育模式，各有优劣，自有短长，皆是拘于一隅，限于一域。如知、情、行分别为三种德育模式（主知德育模式、主情德育模式、主行德育模式）的倚重点，所以每一种德育模式都有其局限性。并且，德育模式有封闭之疾，作为一种范型，它用以供人模仿、学习。一般说来，德育模式还要有一个流程，有一个施行的步骤，有其固定的套路和方式。我们若将陶行知的德育理论视为生活德育论，也会重蹈上述德育模式之覆辙。按照陶行知弟子戴自俺、方与严的诠释，教育是有机能的，只是不可看得太呆板。有固定的方式就是违反生活教育的原则。陶行知的德育理论是一种哲学，一种理念，一种理想，而不是具体的模式。这种德育哲学理念强调德育与生活的伴随性，注重教学做合一的方法，力求知情意（行）合一、真善美合一，凸显全人生、整体和谐的生活。这样，陶行知的德育思想就具有了开放性，它会随着时代的发展而富于时代精神和实践意蕴。

在不同时期，为了有所侧重，可以突出某一方面的德育。如根据德育中理性教育至于一尊的局面，突出强调情感，因此提出情感德育或者活动德育，以显示学生品德结构中的情感成分或德育方式方法中的活动内容。在社会特殊需要面前，德育实践也可以凸显某一社会内容，如针对人类生存环境的恶化而倡导生态德育，其中还有生态道德或生态伦理，也可以说生态德育就是生态道德教育的简称。再如生命德育，可以说是生命伦理、生命道德教育的简称。这些根据社会时势和实践要求所进行的教育本身即是生活教育，即生活所需的教育，生活所向的教育。

就"X+德育"而言，如前所述，可以视之为一种德育模式，但若像生态道德教育、生命道德教育分别简称为生态德育、生命德育一样，我们也玄想一个生活道德教育而简称为生活德育，就说不通了，因为不存在一个像生态道德、生命道德那样的生活道德，道德与生活同在，道德即生活，生活内含道德。

## 二、德育即生活教育释义

德育即生活，其义为德育伴随生活。德育受生活制约，德育属于生活，德育通过生活，同时德育服务于生活，德育是生活的需要，德育为了生活，德育提升生活。

陶行知说教育为生活所原有，我们也可以说德育为生活所原有。从逻辑上看，德育是教育的组成部分，教育为生活所原有，自然，德育也为生活所原有。这就是德育属于生活之由来。德育为了生活，这是说德育的宗旨是服务于生活，德育要给生活以教育，引领生活，提升生活，德育是生活的需要，因为教育为生活所必需。德育通过生活，德育要在生活中进行，德育内容、课程、途径、方式、方法要经由生活来实施、实行。

到处是生活，即到处是教育；整个的社会是生活的场所，亦即教育的场所。因此，到处是生活，即到处是道德，到处是德育。道德寓于广泛的社会生活中，德育存在于广泛的社会生活之中。生活是人的生活，是人的社会生活，生活的社会性就是人生的社会性。人是社会的动物，人也就是道德的存在。人的道德行为，总关涉人己、群己利益。

陶行知的生活教育是生活所有、所营、所需的教育，要给生活以教育，用生活来教育，为生活的提高、进步而教育，是人民教育人民，是人民为自己生活的提高、进步所希求的教育。生活的提高、进步，人民的提高、进步，即含有德育之义。"生活即教育"是说：过什么生活便是受什么教育；要想受什么教育便须过什么生活。生活教育是供给人生需要的教育，人生需要什么，我们就教什么。陶行知的生活教育含有道德之义、道德教育之义。20世纪20年代末，陶行知在晓庄办的乡村教师讨论会上讲"生活即教育"，他说："我们此地的教育，是生活教育，是供给人生需要的教育，不是作假的教育。人生需要什么，我们就教什么。人生需要面包，我们就得过面包生活受面包的教育；人生需要恋爱，我们就得过恋爱生活也受恋爱的教育。照此类推，照加上去，是那样的生活就是那样的教育。"根据此理，人生需要道德，我们就得过道德的生活、受道德的教育。而且，健康的生活、劳动的生活、科学的生活、艺术的生活、改造社会的生活皆包含道德的生活。不论什么生活，都需要道德，都需要德育。所以说，生活教育，生活中心的教育，也就是道德教育。人生的意义，取决于人的境界，而人的境界取决于德育。没有德育，人生而有意义实在难以想象。

陶行知根据当时的中国实际，明确提出应该过健康的生活、劳动的生活、科学的生活、艺术的生活、改造社会的生活。他竭力反对地主资产阶级达官显贵少爷、小姐们的腐朽、没落的生活，也反对一些人过的愚昧无知、糊里糊涂的生活。"同在一社会，有的人是过着前进的生活，有的人是过着落后的生活。我们要用前进的生活来引导落后的生活，要大家一起来过前进的生活，受前进的教育。前进的意识要通过生活才算是教人真正的向前去。"用生活影响生活、引领生活、提升生活，使生活与生活相摩擦，生活与生活一摩擦，便立刻起教育的作用。摩擦者与被摩擦者都起了变化，便都受了教育。给生活以教育，就是运用生活的力量来改造生活，要运用有目的、有计划的生活来改造无目的、无计划的生活。以生活来引领生活，就是用进步的生活、现代的生活来影响、引领落后的生活，使生活与生活相摩擦，从而提升生活的品质和质量。生活教育教人向前、向上、向好的方面变化。可见生活教育本身即是道德教育。生活即教育这一命题本身就意味着道德教育，德育与生活之间是一而二、二而一的关系，是相伴相生的关系。

生活教育的要旨是教人做人，而道德又是做人的根本。所以，德育是"生活即教育"这一命题的要义。陶行知深刻体会到，道德为本、智勇为用，认识到"德操""心志"之于人的重要意义。他说："德也者，所以使吾人身体揆于中道，智识不致偏倚者也。身体揆于中道，而后乃能行其学识，以造人我之幸福；学识不致偏倚，而后乃能指挥身体，以负天降之大任。道德不立，智勇乃乖。"后来，他又说近世所倡的自动主义，其含义之一是"德育注重自治"。自治就是人之为人的自理与自立，也就是陶行知在育才学校时提出的"自我教育"与"筑造人格长城"。他在《每天四问》一文中说："道德是做人的根本。根本一坏，纵然使你有一些学问和本领，也无甚用处。"智勇是工具，是"用"，道德才是根本，是"体"。通常，在谈道德时总是将人与动物相比较。人而无德，非人也，会遭到唾骂，受到舆论的谴责。所以，生活之本是做人，人生的实质就是做人，就是个人与他人、与群体的合理交往，而道德教育就是教人做人，教人学会做人。所以，德育与生活合一，德育与人生合一。

## 第四节 德育的生活过程

陶行知坚决反对教师"教死书""死教书""教书死"，学生"读死书""死读书""读书死"的传统修养方法，坚决反对一味说教、单纯灌输的传统德育方式。在他看来，教育要培养深谙生活真谛的"真人"，就必须通过生活，倚靠生活。"教人求真""学做真人"，离不开实践，离不开生活。只有在生活与实践中，才能体味生活之甘苦，体悟生活之真谛，体会人生之道。真正的教育须"跳进实际生活中去"，真正的德育须在生活中进行，以实际生活为中心，并以生活教育理论和方法作为指导方针，在生活教育的各个方面去实施。德育包含在健康的生活、劳动的生活、科学的生活、艺术的生活、改造社会的生活过程之中，包含在政治生活、集体生活、劳动生活、文化生活的过程之中。陶行知在《育才学校教育纲要草案》中提出，育才学校总的教育过程有三：第一，以儿童为行动的主体，在教师之知的指导下，所进行的行与知之不断结合；第二，以儿童为行动的主体，同时以儿童自身之知为领导，所发展之行与知不断结合；第三，育才教育目的之一便是从第一种过程慢慢地发展到第二种过程。在这一总的原则指导下，德育即生活就是德育通过生活过程进行："在集体生活中教育""在自治中学习自治""在民主生活中学习民主""在自动上培养自动力"等。

## 一、在集体生活中教育

陶行知在举办晓庄师范的实践中坚持并发展了他在办安徽公学时的"共同生活"原则："该校各科教师都称为指导员，不称教员，他们指导学生教学做，他们与学生共教，共学，共做，共生活。"他说："共同生活在安徽公学已经实行了几年，再经晓庄这一年的试验，我们对于这个原则的信念便益加坚固了。"在晓庄，不仅是师、生共同生活，而且是师、生、校工共同生活。然而，共同生活也有形式的与真正的共同生活之分，形式的共同生活难免同床异梦；真正的共同生活必须大家把人格拿出来互相摩擦。各人肯以灵魂相见才算是真正的共同生活。否则虽是日出共作，日入共息，中间却是隔了一个太平洋。我们共同生活之有无价值，全看这种意义之存在与否以为断。在真正的共同生活中，晓庄师范的教师不叫教师而称为"指导员"。陶行知在晓庄师范开学典礼上说："本校只有指导员而无教师，我们相信没有专能教的老师，只有比较经验稍深或学识稍好的指导。"这体现了师、生、校工团结、平等、民主的关系。

在举办育才学校的办学实践中，陶行知完善了集体生活即集体教育的思想。他在《育才学校教育纲要草案》一文中说："育才学校全盘教育基础建筑在集体生活上。"集体生活即集体教育，其意义有三：第一，集体生活是儿童之自我社会化的重要推动力，为儿童心理正常发展所必须；第二，集体生活可以逐渐培养一个人的集体精神，这种精神是克服个人主义、英雄主义及悲观懦性思想的有效药剂，应溶化在每个人的血液里；第三，集体生活以丰富、进步而又合理的生活之血液滋养儿童，以不断的自新创造的过程教育儿童。总之，集体生活之作用是在使儿童团结起来做追求真理的小学生，团结起来做即知即传的小先生，团结起来做手脑并用的小工人，团结起来做反抗侵略的小战士。

集体生活的教育有总的教育原则、丰富的教育活动和多样的教育方法。陶行知认为，真的集体生活必须有共同目的、共同认识，必须共同参加，而这共同目的、共同认识和共同参加不可由单个的团体孤立地建树起来，小集体要与整个中华民族这个大集体配合起来，才不孤立、才有效力、才有意义。在这一原则的指导下，育才学校不是把学生紧紧关在"笼"中，而是把校内的生活教育与社会的生活教育有机地结合起来。育才的校内集体生活有较为固定的生活、工作和学习的秩序，但为了在社会生活的大熔炉中锻炼儿童，又灵活地组织工作队到社会上去、到群众中去为社会服务，为群众谋利益。在教育方法上，学校经常举行"分队晚会"，凡集体生活中的问题及时事以及当天指导员所教的内容，均在"分队晚会"上由学生进行充分的讨论；指导员则着重帮助学生自治小组发扬民主，开展自我批评，养成自我教育精神，培养总结能力；学校为了养成学生自我教育的精神和能力，每日都给学生留有相当的时间，作为他们自由思索与自由活动的机会。

## 二、在自治中学习自治

接受西洋文化洗礼的陶行知十分重视学生自治问题，在《学生自治问题之研究》一文中对学生自治的含义、必要性、重要性、弊端、范围与标准、方法等均提出一些独到的见解。在他看来，学生自治与团体自治相通。学生指全校的同学，有团体的意思；自治指自己管理自己，有自己立法、执法、司法的意思；学生还在求学时期，因此学生自治与别的自治有不同之处，即它有一种练习自治的意思。概而言之，学生自治就是学生结起团体来，大家学习自己管理自己的程序；从学校方面来说，就是为学生提供种种机会，使学生能够组织起来，养成他们自己管理自己的能力。由此而知，学生自治不是自由行动，而是共同治理；不是取消规则，而是大家立法守法；不是放任，不是向学校宣布独立，而是练习自治的意思。

## 三、在民主生活中学习民主

学生要成为过民主生活的人，最需要的是学校发扬民主。民主生活，即民主教育是教人做主人，做自己的主人，做国家的主人，做世界的主人。怎样实现在民主生活中学习民主？在陶行知看来，首先，要有自觉的纪律。他说："民主生活并非乱杂得没有纪律。民主要有自觉的纪律，人民只可以在民主的自觉纪律中学习做主人翁"气"民主也不是绝对的自由。民主有民主的纪律，与专制纪律不同。专制纪律是盲从。民主纪律是自觉的集体的，不但要人服从纪律，还要人懂得为什么"。其次，学校应是"民主的温床"。学生有自治的权利和义务、事体和机会，并有制度和组织保障。再次，要有民主的校长和教师以及民主教育的课程和方法。陶行知提出民主的校长有四项任务——培养在职的教师，并使教师进步；通过教员使学生进步并且丰富的进步；在学校中提拔为老百姓服务的人，如小先生之类；将校门打开，运用社会的力量，使学校进步，动员学校的力量，帮助社会进步。民主的教师有六种素养——虚心；宽容；与学生共甘苦；跟民众学习；跟小孩子学习；消极方面，肃清形式、先生架子、师生的严格界限。民主教育的方法要采用自动的方法，启发的方法，手脑并用的方法，教学做合一的方法，尤其要注重"六大解放"——解放眼睛、解放双手、解放头脑、解放嘴、解放空间、解放时间。

### 四、在自动上培养自动力

学生是行动的主体，道德教育须重视"实行"。育才学校有"五路探讨"：体验、看书、求师、访友、思考。此"五路"是根据"行是知之始"及自动的原则排列的。作为修养方法，它与《中庸》所倡导的修养方法——博学、审问、慎思、明辨、笃行之程序相反。陶行知说，体验相当于笃行；看书、求师、访友相当于博学；思考相当于审问、慎思、明辨。这就把传统的道理颠倒过来。在这里，"体验"即笃行，是始基，是根本，是第一步，"行动是思想的母亲"。

然而，行动有盲目的行动、自发的行动、自觉的行动之分。陶行知反对盲目的行动，摒弃自发的行动。他在《生活教育之特质》一文中批判"狭隘经验论"，把没有理论和理性指导而盲行盲动的人比喻为"跌进狭义的经验论的泥沟里"的"一只小泥鳅"；并指出行动必需是有理论、有组织、有计划的战斗的行动。在《育才两周岁前夜》一文中，他提出"在自动上培养自动力"，并区分出"自觉的行动"与"自发的行动"。他说："生活、工作、学习倘使都能自动，则教育之收效定能事半功倍。所以我们特别注意自动力之培养，使它贯彻于全部的生活工作学习之中。自动是自觉的行动，而不是自发的行动。自发的行动是自然而然的原始行动，可以不学而能。自觉的行动，需要适当的培养而后可以实现。故自动不与培养对立，相反的自动有待于正确的培养。"只有在自动上培养自动，才是正确的培养。所以，陶行知提出育才学校的根本方针"是要在自动上培养自动力"。这就是说，道德教育必须在道德实践上培养道德践行能力，发挥学生的主动性、积极性、自觉性。

# 第三章 生活德育的理论基础与发展

## 第一节 生活德育的理论基础

### 一、生活德育的含义及其由来

陶行知是伟大的人民教育家、德育思想家和教育改革实践家。他一生致力于中国人民的教育事业，给我们留下了极其丰富的教育思想，其中德育思想占有重要的位置。如今，人们已将陶行知的教育思想概括为生活教育理论。应该说，陶行知的德育思想和实践乃是他的生活教育理论的重要组成部分，而其德育理论的实质是生活德育论。当然，他生前没有做这样的概括，却给我们留下了十分丰富的生活德育思想。在生活教育理论的基础上，依据原始文本，探讨陶行知生活德育理论体系，这无论对于我们改变当前德育脱离生活实践的现状，还是建立具有中国特色的社会主义德育理论体系，都具有重要的理论意义和应用价值。

什么是生活德育？陶行知生前只对生活教育下了定义，没有对生活德育下过定义，更没有概括生活德育理论体系。但他曾在与柳湜的谈话中意味深长地说："对生活教育，我不反对有人作理论研究，发挥它，但决不应看做完成的东西"。"我不仅没有时间写一本书，就是连短文章也没有时间多写"。"如果不幸你死得早，只要你真的有些思想，会有后人替你理出来"。这些话，表明了陶先生对自己的生活教育理论的实事求是的态度，不仅是对后人研究生活教育理论的期望与指导，而且也适用于我们今天对他的德育思想与实践的研究。在德育方面，他不仅"真的有些思想"，而且面对时代，抓住了时代的脉搏，回答了时代提出的迫切问题，具有中国特色，在他诸多的论著中都已作了深刻的阐述，只是由于当时国难当头，事务繁忙，使他"没有时间写一本书"，来不及进行充分的理论研究，写出系统的德育理论方面的专著。所以，他说："不应看做完成的东西。"今天，我们应以对学术研究的严肃的态度，替他"理出来"，并"发挥它"，以实现他没有完成的遗愿。

生活德育是生活教育的题中应有之义，生活教育蕴涵着生活德育的丰富内涵和本质属性：

第一，它揭示了教育本质的一般属性，即根据社会需要，教育者对受教育者施加有目的、有计划、有组织的影响，发展受教育者的个体思想、政治、道德、法纪和心理诸方面的素质，即期望他们成为"追求真理的真人"。

陶行知发表的《晓庄三岁敬告同志书》中要求，生活教育（含生活德育，下同，不一一注明）的"每个活动都要有目标，有计划，有方法，有工具，有指导，有考核"。他在《生活教育之特质》一文中讲了生活教育的六个特点，其中生活的、行动的、前进的几个特点与德育联系更紧密。

"生活的"。他说："我们要从生活的斗争里钻出真理来。我们钻进去越深，越觉得生活的变化便是教育的变化。生活与生活一摩擦便立刻起教育的作用。"

"行动的"。他说："生活与生活摩擦，便包含了行动的主导地位。""为了争取生活之满足与存在，这行动必须是有理论、有组织、有计划的战斗的行动。"

其核心是"前进的"。他说："我们要用前进的生活来引导落后的生活，要大家一起来过前进的生活，受前进的教育。前进的意识要通过生活才算是教人真正的向前去"学做真人。

陶行知作为人民的教育家、德育思想家，始终站在工农劳苦大众的立场上来判断是非，建立了一套教育体系，即关于社会的政治准则、思想观念、道德、法纪规范和心理素质的教育，如："联合起来，创造新天下"的社会政治观的教育，"立大志、求大智、做大事"的人生观教育，"抱着真理为民族人类服务"的道德观教育等等。他要求将这些教育内容转化为受教育者个体的政治、思想、道德、法纪和心理等诸方面的素质。很显然，"追求真理做真人"是陶行知生活德育的根本任务和培养目标。

第二，它揭示了生活德育过程中两个主客体的统一性和转化的两极性。

首先是将社会道德转化为教育者的品德和德育要求。陶先生认为，"道德是做人的根本"，要立住"做人的根本"，必须"建筑人格长城"。怎样建筑人格长城呢？陶先生认为要正确处理"公德"与"私德"的关系，乃是建筑人格长城的基础。所谓"公德"就是集体的公共道德；所谓"私德"就是指个人的品德行为。陶先生这里讲的"公德"，实际上是社会道德；"私德"实际上是个人道德。将社会需要转化为教育者的品德和德育要求，就是将社会道德（公德）转化为教育者的个人道德（私德），"以教人者教己"，注重私德，"私德的健全"不仅仅是个人修养问题，其目的是"扩大公德的效用，来为集体谋利益"。

其次是教育者以集体生活、学生自治、教育民主等手段把生活德育的要求转化为受教育者的相应品德。陶行知认为，要"在民主的生活中学习民主"。"学生自治"就是"学生结起团体来，大家学习自己管理自己的手续"，"养成他们自己管理自己的能力"。集体生活是全盘教育的基础。通过如上的特殊手段，将德育的要求转化为受教育者自身的相应品德。这个过程一是"以儿童为行动的主体，在教师之知的领导下，所进行的行与知之不断联锁的过程"；二是"以儿童为行动的主体，同时对儿童自身之知为领导，所发展之行与知不断联锁的过程"。其目的之一是从第一种过程慢慢地发展至第二种过程。在这两个转化过程中，教育者和受教育者是主客体的统一，两者之间也是互为主体、互为客体，把一个人的"公德"和"私德"统一起来。

第三，它进一步揭示了生活德育过程的转化，既有内化又有外化，既有塑造又有改造。

陶先生认为，"教育是教人化人。化人者也为人所化，教育总是互相感化的。互相感化，便是互相改造"。可见，内化与外化是生活德育进程中不可分割的两个环节，其中内化是基础，没有内化就谈不上外化；而外化又是根本，生活德育的最终目的是塑造"真人"的良好素质，良好素质的外在体现就是良好的行为及其效果。只有这样，才能反映品德结构及其形成与生活德育过程、社会性生活过程之间的关系和解决其间矛盾的特点。

综上所述，所谓生活德育，就是指教育者按照一定社会和受教育者的需要，遵循品德形成的规律，采用集体生活与教育引导等有效手段，有目的、有计划、有组织地使受教育者在德育的生活中学习德育，实现内化与外化，把他们培养成为追求真理做真人的人这样一种系统活动过程。简言之，生活即德育。

## 二、生活德育是陶行知生活德育论的基础和源泉

首先得从生活与德育的关系说起。"在这里，我们就要问：'什么是生活？'有生命的东西，在一个环境里生生不已的就是生活"。这是陶行知起初对"生活"这个概念的个别提法，近于生物学的解释，不能引以为据说明他的"生活"的概念。事实上，除此之外他对"生活"所有的论述都是指人类的社会生活，人类的个体和群体为了生存、发展所进行的社会生活实践。生活教育，他明确提出"生活教育，是供给人生需要的教育"，列举了"健康的生活""劳动的生活""科学的生活""艺术的生活""改造社会的生活"等社会生活的内容。道德与社会生活是不可分的，是个统一的整体。叔本华曾将人对法则的服从比喻为一个能用健全的双腿走路的人，却拄着拐杖走路。传统道德教育何尝不是如此呢？社会生活是其坚强有力的双腿，而传统道德教育偏偏要割裂与生活的血肉联系。事实上，道德与社会生活是无法割裂的。因为，社会生活是人的生活，不能没有道德。无论是生理需要的满足，还是精神需要的满足，都必然要关涉他人，这就需要遵循一定的规则。道德就是这些规则中主要的、根本的规则。追求道德是人的精神需要，道德既是对自身生活规则的总结，也是生活的提升，是生活的智慧和艺术。在

生活过程中形成的德性是人的"第二性"，与人的自我同一。人是完整的道德存在，道德与人的存在是一体的。"从人的存在这个维度看，德性并不仅仅表现为互不相关的品德或德目，它所表征的，同时是整个的人。"整个人的德性就像人的呼吸一样与人同在。所以陶行知在《学做一个人》一文中就指出"要学做一个整个的人"，而人们的存在就是他们的实际生活。道德是构成生活的根本要素，所以人要过道德的生活。没有道德，人无法生活，生活也就不再是人的生活。生活作为道德的"基础事实"是和道德一体的，脱离了生活，道德也就成了僵死的条文和抽象的原则。在陶行知的论文、演讲中，道德多半是作为德育的简称和同义语。很显然，生活是陶行知德育的沃土。德育源于生活，与生活"同呼吸，共命运"，生活与德育不可分。

生活德育的理论是在长期的生活德育实践基础上形成和发展起来的一门学科。可见，生活德育论与生活德育是两个不同的概念。但在陶行知德育理论的研究中，往往有人把这两个概念不加区分，认为"生活德育是一门学科"。当然，生活德育作为一项专门的工作，作为科学研究的客体，其中大有学问，应在实践中不断探讨它的固有规律，从而形成一门学科，这是无可非议的。但将它作为一个科学命题是不妥的。因为这一提法虽一字之差，可将生活德育论与它的研究客体，即生活德育混为一谈，从而造成理论与实践上的混乱。其实，生活德育论与生活德育是既有联系又相互区别的两个概念。陶先生说："行是知之始，知是行之成。"这一论断，为我们正确理解生活德育论与生活德育的相互关系，提供了辩证唯物主义认识论的理论基础。

从区别来说：生活德育是以人为作用对象的一项实践活动，其目的是培养符合社会要求的"追求真理做真人"的人，主要帮助人们解决"做什么""怎样做"的问题；而生活德育论则是一门科学，它以生活德育这一实践活动为研究客体，其目的在于科学地认识和全面地分析生活德育领域的各种现象，揭示生活德育的客观规律，主要解决生活德育"是什么""为什么"的问题。因此，必须将生活德育与生活德育论这两个概念区分开来，不能混为一谈。那么，什么是生活德育论呢？一般认为，生活德育论就是关于生活德育发展规律的科学。显然，这一定义是不够严密的。因为，要有效地对人进行"追求真理做真人"的教育，一定要遵循人的思想品德形成和发展的自身规律。离开了这一规律，生活德育的规律就无从谈起。因为生活德育的规律是建立在人的"知情意合一""知仁勇合一""思想与行为统一"的品德形成和发展规律的基础上的。因此，按照陶行知的本意，生活德育论是指研究人们通过全部生活与生活的摩擦，树立前进意识，以达到"知情意合一""思想与行为统一"，学会"追求真理做真人"的过程及其规律的科学。

从联系来说：一方面是说，生活德育是生活德育论产生的基础和源泉。生活德育理论是从生活德育的实践中产生的，生活德育论的形成和发展也依赖于生活德育的实践，生活德育论一步也不能离开生活德育的实践。一旦离开了生活德育实践，生活德育论就会成为无源之水，无本之木，非但不能成为真正的科学，也失去了这门科学存在的价值。另一方面，生活德育论是关于生活德育实践十分丰富的经验的理论概括和总结，是生活德育的知识体系，并对生活德育实践具有理论指导意义。当然，这种概括和总结既不是对个别的、特殊的生活德育实践经验的概括和总结，也不是对生活德育实践中不成熟经验和认识的总结，而是从乡村教育运动开始经普及教育运动和抗战教育运动到民主教育运动的几十年间，对其生活德育实践活动中最普遍、成熟的经验的概括和总结，因而它能正确地揭示生活德育实践活动的客观规律，并成为指导生活德育实践的具有普遍意义的理论。用陶先生的话来说："行动产生理论，发展理论。行动所产生发展的理论，还是为的要指导行动，引着整个生活冲入更高的境界。"

### 三、生活德育论的逻辑起点及其体系初探

每种理论都有自己的逻辑起点。所谓逻辑起点，周洪宇在《生活教育理论研究的新思考》中指出：逻辑起点要具备四个条件："一，它是对象最简单和最基本的规定；二，它是构成具体的最基本的单位，最基本的单位也就是最后的抽象；三，它既是逻辑的，同时也应该是历史的起点；四，它以'胚胎'的形式包含着对象在整个发展过程中的一切矛盾。"他认为，在陶行知的生活教育理论中，能够同时满足这四个条件的"是'生活'范畴，'生活'范畴是生活教育理论体系中最普遍、最概括、最基本、最常见的抽象范畴。它是陶行知构建其整个理论体系的起始范畴和始自对象"。胡国枢教授在《生活教育理论——陶行知教育思想研究》中也指出："把'生活'作为生活教育的逻辑起点是符合陶行知生活教育思想的本意的"，"是陶行知确立生活教育理论体系的立足点、起始点与中心点"。将其概括为"教育以生活为中心"，"把生活作为教育的目的"，"'生活'概念是生活教育理论体系中各个重要命题、原则的基础"，"生活教育最大特点是它的'生活'性"等四个方面。"生活"概念是生活教育的逻辑起点，当然也应是生活德育的逻辑起点，"四个方面"的根据也是生活德育论的根据概括，不再一一重述。陶先生说："生活教育是教人做工求知管政治。"凡是社会的中心问题，也是德育的中心问题。"这个中心问题就是政治经济问题。"还强调说："没有生活做中心的教育是死教育。没有生活做中心的学校是死学校。没有生活做中心的书本是死书本。"显然，没有生活的德育同样是"死教育"。要发挥德育理论在学校教育中的作用，不能离开生活，必须紧密联系实际生活，以实际生活为中心进行德育工作，就能顾到人生的全部。陶行知强调："实际生活，说得明白些便是日常生活。积日为年，积年为终身，实际生活便是人生的一切。分析开来，战胜实际的困难，解决实际的问题，生实际的利，格实际的物，爱实际的人，求实际的衣、食、住、

行，回溯实际的既往，改造实际的现在，探测实际的未来：这些事总结起来，虽不敢概括全部人生，但人生除了这些事还有什么？在做这些事上去学，去教，虽不敢说有十分收成，但是教成的与学得的必是真本领。实行这种教育的社会，虽不敢必其进步一日千里，但是脚踏实地的帮助人类天演历程向上向前运行而无一步落空，那是可以断言的。"可见，从实际生活出发的德育，要以人的生活经验为德育的起点。这意味着德育不能从抽象的道德的概念出发。从抽象的道德概念出发的德育只能是远离"尘世"，使德育变成知识的教育、概念的教育。学习美德不能从什么是美德开始，学习诚实不能从什么是诚实开始。德育从生活出发，就是要在生活中教育，在教育中生活。切记，这不是将德育消解在生活里，使德育停留在感性经验、朴素感受的层面，让学生听凭生活的支配、摆布，而是引导他们从生活中汲取道德的养料，逐渐上升到理性的层面，实现陶行知所说的"从书本的到人生的，从狭隘的到广阔的，从字面的到手脑相长的，从耳目的到身心全顾的"转变，成为"环境中的主宰，去号召环境"。"因为实际上，儿童，乃至成人，都是在他们的环境、家庭和社会中，直接地、现成地吸取经验"，通过这种方式获得的经验是"一个人能否接受学校教育的先决条件"。以生活为起点就是以这些"先决条件"为起点。从生活走向德育，在生活中进行，并不可避免地还要回到生活。德育一点也不能离开生活。但德育回到生活是指"高于"生活的德育"回到"生活，使人过更美好的善的生活，使学校成为社会性生活进步的先导，走在社会性生活的前列。德育"高于"生活，陶行知强调不是说德育高于一切生活，而是指用美好的生活引导一般的生活，使人过上善而美的生活。德育在生活中进行，并不意味着德育就等于生活，也不是无条件地去迎合生活，而是要在生活过程中引导生活。不但要用"前进的生活"引导"落后的生活"，大家一齐"过前进的生活，受前进的教育"，而且要用每个人自己善的生活引导其非善的生活。这就是说德育是对生活的改造，对落后的生活和落后的个人的改造。德育引导生活，回归生活，这是教育的本质，也是德育的最终目的。德育以生活为中心的思想是陶行知始终坚持的，一以贯之的。"生活"是陶行知生活教育、生活德育理论的起点，也是归宿点。生活是德育蓬勃向前发展的动力。当然，这里的生活起点及其过程是动态的而不是静态的，在实际生活中作为"终点"的生活已不是原来意义上的生活，而是被改造了的、前进了的生活，是新的生活德育的起点。

综观生活德育的理论，其基本结构可归纳为以下六个部分组成：一是生活即德育；二是生活德育是陶行知生活德育论的基础和源泉；三是"教学做合一"是生活德育的基本原则；四是"行以求知知更行"是生活德育的认识论；五是"集体生活"和"学生自治"是生活德育的根本途径和方法；六是"知情意合一""智仁勇合一"的"完满的人格"，做"真人"是生活德育的根本任务和培养目标。这六个部分是相互依存，有机联系地构成了一个活的统一整体，切不可把生活德育理论的各个部分孤立理解和运用。

四、认真学习和研究陶行知的生活德育论

我国自 20 世纪 80 年代以来，先后对大、中、小学发布多次有关加强学校德育的决议和文件，提出要改革学校德育，加强学校德育工作。特别是改革开放以来，坚持以经济建设为中心，强调物质文明和精神文明两手抓两手都要硬。陶行知是近代以来中华民族对人类有重要贡献的一位具有世界影响的著名教育家和德育思想家。他的生活德育目标的进步性、内容的人民性、途径的实践性、方法的民主性，并与我国优秀文化传统相结合，具有浓郁的时代气息和民族特点，闪耀着历史的光辉。江泽民曾称赞陶行知著作宏富，论述精当，与当前的社会主义教育息息相通，堪称中国近代教育史上的一代巨人。这既是对陶行知和他的论著的确切评价，也说明了我们今天学习研究陶行知生活德育思想，仍具有继承、借鉴和弘扬的价值，是建立有中国特色社会主义生活德育体系的题中应有之义。据此，我们认真学习和研究陶行知的生活德育理论，结合时代发展的新特点来探讨他在中外德育思想史上的贡献，并对他生活德育理论与实践活动进行系统的梳理和研究，弘扬和发展他的生活德育理论，是重返生活世界、找回失落的主体意识的需要；是新一轮课程改革，提高国民素质教育的需要；是建立与社会主义市场经济相适应、与中华民族传统美德相承接的社会主义思想道德体系的需要；也是与时俱进，在社会生活实践中不断充实完善陶行知生活德育论的需要。这是一项创造性的工程，这对于加深"德育首位""各育并重"的理解，对改变当前德育的现状，加强和改进新世纪的德育建设，勾勒出具有中国特色的德育学骨骼框架，居于学科前沿，都具有重大的理论意义和应用价值。

陶行知的生活德育论具有重要的作用，值得我们认真学习和借鉴。而要学好陶行知的生活德育论，关键在于学会如何进行生活德育的哲学思考。单纯地掌握了很多的生活德育论的书本知识，并不意味着真正懂得并理解了生活德育论。学习陶行知的生活德育论归根结底是为了能够联系实际进行生活德育的哲学思考。而要学会生活德育的思维，锻炼与培养自己的理论思维能力，这就要认真阅读陶行知生活德育的原著，以及古今中外著名德育思想家的有关代表作，从而，通过与这些历史上一流的德育思想家"对话"的方式提高我们提出问题、分析和解决问题的能力。要学好陶行知的生活德育论，必须自始至终坚持理论联系实际、"教学做合一"的根本原则和方法，始终注重运用马克思主义的实践的、辩证的、历史的唯物主义的立场、观点与方法去分析和解决生活德育中的实际问题，运用这些观点和方法来指导和规范自己的人生。

# 第二节 生活德育理论的产生、形成和发展

生活德育论是随着生活教育理论的产生而产生，也随之形成而形成，发展而发展的。诚然，"生活教育"之名，西方教育家早在19世纪就已提出。但赋予生活教育以新内容，形成理论体系，并倡导开展生活教育运动，则是陶行知在20世纪20年代以后的创造。生活教育理论的产生固有其深刻的国际国内背景，也有其深厚的思想理论基础。同样，生活德育理论的产生也有其相应的国际国内背景，有其一定的思想理论基础，而它的形成和发展则更离不开生活教育运动的伟大实践。

## 一、生活德育理论产生的国际背景

陶行知的教育思想，实质上是一种教育现代化思想，它的产生有其深刻的、广阔的国际背景，是世界教育现代化进程中的一个组成部分。

世界教育现代化孕育于全球现代化浪潮之中。从广义看，教育现代化是指从适应宗法社会的封建教育，转向适应大工业民主社会的现代新教育的历史进程，是大工业运动和科技革新的产物，是一切有关进行现代化教育的改革和发展的总称。学术界认为，整个教育现代化运动一般分为三个阶段：

第一阶段是17～18世纪的教育现代化运动。这个时期以欧洲为代表，英国率先开办各种工厂学校、职业学校以及专门技术学院（如18世纪中叶的惠灵顿学校）。到18世纪90年代，法国专科学校遍地开花，其中有被誉为"欧洲工业大学最早典范"的巴黎理工学校。强大的法国取代英国而成了世界教育科技中心。这一阶段奠定了现代教育发展的基础。值得注意的是，这个时期的瑞士著名教育家裴斯泰洛齐首次提出了生活教育的思想，明确指出："生活具有教育的作用。这是指导我在初等教育方面的一切实验的原则。"他在德育、智育和工艺或者艺术等方面，贯彻这一原则精神，均收到了良好的效果。在德育方面，他认为初等教育与家庭生活有着紧密的联系，儿童的道德观念，"是从家庭中的亲子的亲爱得来的"，家庭是"爱情和信仰的永恒的起点"。他还认为："在智育方面，也是生活教育着我们。因为生活依次地发展接受印象的能力、说话的能力和思考的能力。"他谈道："在工艺或艺术方面，也是从生活中受到教育。"裴斯泰洛齐的这些观点，无疑对后世产生了极其深远的影响。

第二阶段是19世纪末至20世纪30年代的教育现代化运动，使旧教育土崩瓦解，新教育迅速发展。19世纪中叶后，电动机的应用，中、专级科技教育迅速兴起，特别是德国发展的以柏林大学等研究型大学和工科大学以及工业学校网构成的科技及工业教育体系，使德国一跃成为欧洲强国，成为科技教育中心。19世纪下半叶，美国大力发展高等科技教育，尤其是工

农学院的创立，使高等教育与生产的各个领域都结合起来，极大地推动了世界教育现代化进程。19世纪末20世纪初，在美国和欧洲兴起的教育革新运动，促进教育现代化从欧美向全世界传播。这一阶段的教育现代化运动彻底冲破了旧教育的防线。作为这一时期杰出的代表人物杜威的教育思想尤其引人注目。

杜威是美国著名教育家，他面临第二次工业革命之后复杂多变的社会现实，提出了"学校即社会"这一命题，希望通过学校教育来实现民主主义的社会理想。"学校即社会"要求学校将复杂社会中的各种因素加以挑选用以教育学生，这样，既可以使学生适应社会生活，更可以使学生养成"确保社会变动而不致带来混乱的思想习惯"。杜威强调了教育的社会功能，并试图通过教育与社会的密切结合，以克服传统教育的滞后性，赋予教育自我发展的动力，这反映了现代社会对教育发展的基本要求，是正确的。

杜威又提出"教育即生活"这一重要命题。传统教育认为，"教育是生活的准备"，因而往往使教育"成人化"，严重脱离了受教育的主体——儿童的——生活实际，当然，也使教育脱离了社会生活。形成学校教育书本化、繁琐化、经院化等种种弊端，窒息了儿童的个性化与创造力。杜威的"教育即生活"理论，期望将学校教育还给儿童，符合儿童生长、生活的规律。所以，杜威也曾提出"教育即生长"的命题，提出学校应当是一个促进学生进行自我活动以实现其社会化的社会团体。学生必须学会协作、协调、分享和社会责任，这是与个人专断对立的民主精神。在师生关系上，杜威强调了学生的主体作用，倡导师生民主。

传统教育的弊病是将书本知识的机械灌输作为教育的主要任务，"读书"成为"教育"的代名词。这是造成教育"书本化""教条化"的重要原因，严重阻碍了儿童的发展和创造性功能的发挥。杜威针锋相对地提出"教育是经验的改造"这一重要命题。杜威所说的"经验"并不等同于"能力"，而是既包括能力也包括知识的概念，甚至几乎包括了学生发展的全部内容（知、情、意、行等方面）。他试图将传授知识与培养能力统一在过程中。在方法上，杜威提出了"做中学"，强调了动手做的重要性，强调儿童直接经验的重要性。

总之，杜威的生活教育思想已经有了完整的体系。他对传统教育弊端的批判和对现代教育实质问题的把握，是出色的，在世界教育发展史上享有里程碑的地位。

第三阶段是20世纪40年代之后，新的科技革命提出的一种全新的教育要求，即人人都必须重新学会生存，才能适应高科技时代的社会发展，从而掀起从阶段教育到终身教育，从学校教育到社会教育化，从精英教育到全民教育等改革浪潮。教育现代化开始在全世界广泛推行。

陶行知赴美留学时，正值美国总统威尔逊倡导新自由政策，全国正在开展进步主义社会改革运动。与此同时，西欧和美国正在兴起一场旨在改造传统教育，使之适应现代社会变化的教育革新运动，这个运动在西欧统称为"新教育运动"，在美国则被称为"进步教育运动"。当陶行知进入哥伦比亚大学师范学院时，该学院已成为美国进步教育理论的重镇，集欧美哲学思想和教育思想之大成的杜威正在该学院执教，对陶行知产生了巨大的影响。这种影响对陶行知来说，主要表现为以下三个方面：一是在政治上为陶行知展现了一个民主主义和自由主义的新世界；二是在教育上为他展现了一个教育革新运动的新世界；三是在哲学上为他展现了一个试验主义思潮的新世界。

陶行知离美归国后，他以张扬新教育为职志，不断把欧美教育革新运动的新风新潮输来中国。"五四"运动期间，陶行知与蔡元培、胡适等人联合邀请杜威来华讲学，陶行知并发表了《介绍杜威先生的教育学说》一文，向国人介绍了杜威的史略及其主要著作。杜威在华历时两年余，足迹遍及14个省市，作大小演讲200余场，并出版了《杜威先生在华讲演集》。陶行知为之作序，概括了杜威教育思想的两大内容：平民主义的教育目的和试验主义的教育方法，高扬了其中民主与科学的精神，与中国的新教育运动相呼应。

20世纪20年代，美国教育家孟禄应邀来华进行教育调查，陶行知陪同，并将调查情况通报各省进行讨论研究，还与胡适等合作编译了《孟禄的中国教育讨论》，介绍了孟氏在调查中国教育过程中所涉及的教育改革问题。陶行知认为，孟禄此次来华是用科学的目光调查教育，"实为我国新教育开一新纪元"，表达了对孟禄倡导的现代教育思想的重视。在欢送孟禄归国的饯行会上，陶行知明确提出，中国的教育"要参与教育革新运动"，要以"开辟的精神"和"试验的精神"推进中国教育的发展。这是将中国的新教育运动与世界教育革新运动相呼应。

### 二、生活德育理论产生的思想理论基础

陶行知的生活德育理论，跟他的生活教育理论一样，是为寻觅中国教育的生路，从中国教育实际出发，进行坚持不懈的教育试验所创立起来的，同时它又是陶行知经过对中外教育思想的"过滤"，博采众家之长所形成的智慧结晶。正如他自己所说："我的生活教育的思想，大半都是从资产阶级、大地主，以及老百姓中的启发而来的。自然，我的思想，不是抄他们的，他们有的只启发我想到某一面，有的我把它反过来，就变成了真理。有的是不能想出的，是要群众动手才能看到。动手最重要！"

（一）陶行知哲学思想的演变

陶行知的全盘教育学说，包括生活德育理论，是建立在其哲学思想基础上的。陶行知的哲学思想，有它独特发展的逻辑，是由知到行，再由行到知，最后达到"行——知——行"的过程。也就是说，是由唯心主义向唯物主义，再由唯物主义向辩证唯物主义发展的过程。只有了

解这一发展过程，才能把握陶行知哲学的全貌。

第一，相信"知是行之始"阶段（1911～1926年）。

陶行知在金陵大学学习期间，信仰明代哲学家、教育家王阳明的"知行合一"学说，以为知在行先，行在知后（所谓"知是行之始，行是知之成"），便把自己的名字"文濬"改为"知行"。王阳明在历史上倡导"知行合一"说，旨在矫正知行分离的时弊，特别强调了道德修养必须践履躬行的特点，坚持了经世致用的原则，这在中国教育史上是一大贡献，并产生了深远的影响。但王阳明的哲学思想是唯心主义的，陶行知也很快看出了王阳明理论上的错误。这一转变的开始是在1914年至1917年，陶行知赴美留学时，受到西方经验主义的影响。他认识到试验是发明的利器，一切学术的发展都根源于试验，指出"试验虽不必皆有发明，然发明必资乎试验。人禽之分，在试验之有无；文野之别，在试验之深浅。"所以，返国后，他特别重视试验主义，从而动摇了他对先验论"王学"的信仰。他批判王阳明说："阳明先生虽倡知行合一，但是不知不觉中仍旧脱不了传统的知识论的影响，又误于良知之说，所以一再发表'知是行之始，行是知之成'的言论。我现在愈研究愈觉得这种见解不对。"但是，从他对待思维与存在关系这一哲学根本问题的整体来看，这一阶段尚未彻底摆脱知先行后或重知轻行的观点，尚未超出"知是行之始"的认识范围。

第二，主张"行是知之始"阶段（1927～1935年）。

这一阶段是陶行知由唯心主义转化为唯物主义的重要时期。他在哲学思想上的转化，是从认识论的知与行关系上突破的：由相信先知后行，到主张先行后知，引导人们从源头上去追求真理、寻求知识，坚信行动是"人类和个人知识的妈妈"。这是认识论上的一次大的飞跃，为生活德育奠定了认识论的哲学基础。

1927年6月，陶行知在晓庄学校寅会上发表演讲时，正式提出了"行是知之始，知是行之成"的理论，并特别提到墨子所说的亲知、闻知、说知三种知识，强调"亲知是亲身得来的，就是从'行'中得来的"，指出："我们拿'行是知之始'来说明知识之来源，并不是否认闻知和说知，乃是承认亲知为一切知识之根本。"他因为重视了"亲知"的重要性，所以脱下西装革履，穿上布衣草鞋，亲自下乡进行乡村教育试验；因为重视了"亲知"，所以晓庄师生在陶行知带领下，同劳动，共甘苦，与村民打成一片，为村民办实事、谋幸福，在生活实践中培养改造社会的精神。

1931年，陶行知进而提出"行动是思想的母亲"。因为他又看出了杜威在认识论上的不足之处。他指出，在杜威那里，既缺少知识来源于"行动"，又缺少在理论指导下的"行动"，在认识过程的两端，都忽视了至关重要的行动环节。他认为杜威的认识论"好比是一个单极的电路，通不出电流"。所以，他把杜威的学习"五步法"改为"六步法"：行动生困难；困难生疑问；疑问生假设；假设生试验；试验生断语；断语又生了行动，如此演进于无穷。这"六步法"与"五步法"根本不同之处，在于它的开头与结尾两端都加上了"行动"。陶行知认为这才是"科学的生活之过程"。

第三，具有辩证唯物主义和历史唯物主义观点阶段（1936～1946年）。

陶行知在实践中，通过学习、反思，还逐步确立了历史唯物主义观点。

历史唯物主义认为人民群众是社会发展的决定力量。陶行知一生对中国教育问题的探索正是立足于这一基本立场的。他十分重视人民大众的作用，认为"大众的力量伟大"，要改造中国的社会，必须依靠大众的力量。然而当时的中国，劳苦大众没有受教育的机会，所以陶行知决心办一种为人民大众服务、与人民大众生活密切相关的教育，即生活教育，明确提出"生活教育是大众的教育，大众自己的教育，大众为生活解放而办的教育"。而这种唤起人民自己解放自己的教育，才是为人民服务的教育，才是人民自己的教育，才有光明的宽广的发展前途在民族危亡关头，陶行知坚信只有人民大众担负得起救国的责任，而抗战教育就是启发大众的觉悟，团结大众的力量，积极投入抗战救国的斗争。抗战胜利后，陶行知又及时提倡民主教育，指出"民主教育是教人做主人，做自己的主人，做国家的主人，做世界的主人"，"是民有、民治、民享之教育"。这些都是建立在历史唯物主义观点基础之上的。

通过以上三个阶段的概述，可以清楚地看出陶行知哲学思想发展的轨迹。研究和掌握他的哲学思想发展过程，了解他的哲学思想在各个阶段的发展变化，是确切了解和把握其生活德育思想在各个阶段发展变化的关键。陶行知的由"知行"到"行知"，再由"行知"到"行知行"，即由唯心主义到唯物主义，再到辩证唯物主义和历史唯物主义，正是他生活德育理论全部的哲学思想基础。了解这一点，对于认识和把握其生活德育理论，具有重大的指导意义。

（二）中国传统德育思想的继承与发展

陶行知对中国传统教育思想，始终保持着清醒的认识。即使在"五四"运动中，他也能冷静地说："反传统教育也不是反对固有的优点。我们对于中国固有之美德是竭诚拥护的。"所以，陶行知的生活德育思想，与我国古代传统德育有着密切的联系，这种联系体现了批判与继承的辩证统一。陶行知正是由于批判继承了我国古代道德教育的优秀传统，并注入现代先进的教育思想，才得以创立富有中国特色的生活德育理论。这种批判继承，主要表现在以下几个方面：

1. "教人做人"的德育目标

我国古代先贤十分重视"教人做人"。他们认为"人"不同于禽兽最大之处是"知义"也，即具有理性精神，这是凭借教育获得的。故孔子立学设教，以培养志士仁人为目的，道德教育始终是孔子教育的中心内容。孔子还认为，生命一天不终止，学做人的任务就一天没有完成。反映在道德教育上，则提倡"日进其德"，意思是人的道德修养必须在生活中日有所进，不断提高觉悟。"每日三省吾身"正是"日进其德"思想的体现。但孔子等人都把人"抽象化"，掩盖了人和仁的阶级本质，这是明显的不足。

陶行知继承并发展了这一传统思想，明确把"教人做人"作为教育的总体目标，更是他的生活德育的目标。陶行知提出一个响亮的口号："千教万教教人求真，千学万学学做真人。"表明他创办的教育，不是单纯的"书本教育""工艺教育"，更不是"金钱教育"；他绝不培养"书呆子、工呆子、钱呆子"，他要培养的是真正的人，即具有完美人格的人。这种"人格"，在不同历史时期，有着不同的要求。特别在"一二•九"运动之后，陶行知接受了马克思主义的世界观和方法论，对所要培养的人才都从当时国家民族的需要出发，规定明确的要求，体现了鲜明的时代性和阶级性，这是他与传统的"教人做人"观本质上的区别。关于人的素质问题，陶行知曾有精辟的论述，他认为"一个整个的人"应当具有健康的身体，有"独立的人格"，没有寄生性，不是金钱的奴隶，能够专注地开展自己从事的事业等。在他看来，精神品格是这种"整个的人"的重要标志。陶行知一方面将德育放在重要位置，另一方面又兼顾人的身体健康等全面素质的发展，使他的思想在重视德育的同时，也避免陷入传统教育"道德至上论"的泥潭，体现了现代教育的全面发展观。

陶行知的生活德育特别强调人必须在实际生活中培养高尚品德，而且要活到老，学到老，这与我国古代德育强调与人生日用相结合的思想是一致的，还与传统道德教育"身体力行"的原则，以及"知行合一"的思想一脉相承。甚至曾参有"每日三省吾身"，陶行知也有"每天四问"的说法，恐不是纯属巧合。但陶行知认为社会生活是有差别的，只有人民大众的向上向前的生活，才有教育意义。故他主张在创造的集体生活中受集体生活的教育，这是他对中国传统德育的又一发展了。

"教人做人"已成为现代德育的基本原则。其目的是培养人正确地对待自我、他人、社会和自然，形成人文精神，其核心则是树立正确的价值观。思想家罗素曾经指出："中国文化的长处在于合理的人生观。"1988 年，有 75 位诺贝尔奖得主在巴黎会晤时宣称："如果人类想继续生存，那么，他就不得不在时间上退回 2500 年前去领受孔夫子的智慧。"而陶行知的成功实践，在于他是将中国传统的合理人生观实现了现代化的转换。

2. "以友辅仁"的德育途径

孔子认为人与动物不同，人必须与他人相处。他经常告诫弟子要乐群，并善于群处，即使身处逆境，也不要离群索居。故孔子提倡"以友辅仁"，即个人的道德修养必须借助他人的帮助，善于交友是人进德成才不可缺少的条件。孔学的继承者又进一步提出了"敬业乐群"的德育原则，要求学生学会在群体中陶冶自己的品行。至近代，孙中山、梁启超等人，为救亡图存，正式提出将"群育"列入道德教育。

陶行知继承了孔子关于人不能脱离群体的思想，改造发展成为现代的集体主义和为人民大众服务的价值观体系。他深刻地揭示了集体生活对儿童的教育作用，指出："幼年人不是孤立的，他是环境当中的一个人。"儿童不能脱离社会与自然环境成长，学校不能脱离它所在的环境来办教育。学校教育的任务就在于把学校与社会、教育与生活密切联系起来，正确组织学生的集体生活，通过富有教育意义的集体生活，集体与个人的相互作用，促进儿童个性多方面的发展，造就有生活能力、创造能力的学生。育才学校的整个集体生活的教育，就是与民族民主革命斗争的社会环境密切联系，息息相通。陶行知还指出，集体生活必须用众人的力量来创造，又以集体生活之不断创造的过程来教育儿童，所以集体生活的"三要素"是"集体自治""集体探讨"和"集体创造"。对集体生活与个性发展的关系，陶行知也进行了全面的论述：其一是学校的集体生活不能成为脱离社会的封闭集体，只有这样，才能使学生跟着时代发展的步伐成长；其二是集体生活不能与个人的发展对立或割裂开来，而要辩证的统一起来；其三是集体生活中切实贯彻民主集中制的原则；其四是在集体生活中要正确处理好发挥学生积极性与教师主导作用的关系。

陶行知关于集体生活的思想，继承并弘扬了我国古代德育中的"以友辅仁"的"群育"思想，并使其达到了前所未有的高度，实现了质的飞跃。

3. "智、仁、勇三达德"的德育素养

孔子是最早提出智、仁、勇三项基本道德素养的，他说："智者不惑，仁者不忧，勇者不惧。"以后各时代教育家皆以此为据进行"教人做人"的教育，并取得相当的成效。这说明中国的传统教育已不满足于进行一般的道德规范训练，而是探索做人的基本素质的培养。智仁勇三者古人曾称为"天下三达德"，意思是，智仁勇三方面的修养是通行天下的最重要的道德修养内容，它甚至具有"放之四海而皆准"的价值。

陶行知在创办育才学校时明确提出：办智仁勇合一的教育。他认为，智仁勇三者是中国重要的精神遗产，过去它被认为"天下之达德"，今天依然不失为个人完满发展之重要的指标。

所谓"智"，并非专指智育的内容，古人认为在这里"智"作为一"德"，指人的道德认知和道德智慧。中国传统德育和陶行知的生活德育都认为，道德修养必须与提高人的智力水平即认识水平相结合，道德修养不是什么"非智力因素"。没有智德，人是很难具有自律和启发他人觉悟的能力的。

所谓"仁"，主要指道德情感的修养。仁的核心是"爱人"，首先是自尊自爱，进而是关爱他人，并爱及万物，这是做人最重要的修养。"仁"既表示人际关系之"和"，也表示天人关系之"和"。有人认为中国文化是"和合的文化"，是有一定道理的。而陶行知倡导"爱满天下"的精神，以及他关于生物课应当注重养生而不杀生的主张，都是中国这种以"仁"为核心的"和合文化"精神的体现。

所谓"勇"，是指"力行"的精神，坚持道义的气节，言行一致的作风等有关道德意识和道德实践的内容。

陶行知把"三达德"作为塑造完美人格的重要指标。他认识到，智仁勇绝不是"局部训练之目标"，它是对人发展素养的总体要求。因此，他明确指出，育才学校要"通过全面生活与课程以达到智仁勇之鹄的"。智仁勇在不同的历史时期，不同的阶级对其内涵都有不同的解释，陶行知从当时社会的实际需要出发，对其诠释如下："我们要求每个学生个性上滋润着智慧的心，了解社会与大众的热诚，有服务社会与大众的自我牺牲精神。"在这里，陶行知揭示了智仁勇三者对学生个性发展和发挥教育社会作用两方面的意义，其中突出了为大众服务的思想，这正是对古代智仁勇思想的重大超越。

4."义利之辨"的德育价值观

孔子十分注意教育弟子树立正确的义利观，认为这是区分君子与小人的标准。义与利的含义，一般而言包括公私关系，道德原则与物质利益的关系，精神生活与物质生活的关系等内容。明辨义利的重要表现，就是正确处理"公"与"私"的关系。历代教育家，都强调道德教育应使学生明公私之别，建立公心，从而造就了一批忧国忧民的高尚之士。他们自觉奉行"先天下之忧而忧，后天下之乐而乐"和"天下兴亡，匹夫有责"的人生哲学，以"位卑未敢忘忧国"和"身无分文，心忧天下"自励，为我们留下了宝贵的精神财富。

陶行知在道德教育上，一贯重视培养学生坚持道德原则，明辨公私的观念，使学生树立正确的价值观。他向往"天下为公"的社会理想，提倡"文化为公""知识公有"，这里的"公"是指社会，更是指社会中的大多数——人民群众。陶行知认为树立"公"的观念的核心乃是正确认识个人属于社会，个人应当服务社会与民众。

为此，陶行知一反孔子培养"人上人"的观点，主张培养"人中人"。早在20世纪20年代，陶行知就提出了"做人中人"的思想。在晓庄师范学校，陶行知提出"二亲原则"，一是亲近人民，二是亲近万物，并说"与人民亲近是'做人'的第一步"。谈到"民众活动有三种方式：一是劝民众干，二是替民众干，三是和民众一同干"。而"惟独加入民众当中做一分子和他们一同起劲的干，才是最有效的民众活动"。这正是做"人中人"思想的体现。

后来在育才学校陶行知对这一思想又做过详尽的阐述，他说，育才学校"不是培养他做人上人"而是做"人中人"，"他们都是受着国家民族的教养，要以他们学得的东西贡献给整个国家民族，为整个国家民族谋幸福；他们是在世界中呼吸，要以他们学得的东西帮助改造世界，为整个人类谋利益"。这是陶行知"人民第一""一切为人民""天下为公"思想在德育上的体现。

陶行知的"人中人"思想，实际上体现了人的社会化，既包括人应具备社会发展需要的本领，更包括人应修养适应社会发展需要的品德，当然更不允许培养出来的学生是与社会格格不入的个人主义者。这就必须引导学生正确认识个人在社会上的地位，树立正确的道德价值观念。

"人中人"必须是公德、私德健全的人，必须是明辨义利、公私分明的人。在这里，陶行知特别强调私德的重要性，他认为私德是公德的基础，而私德最重要的是"廉洁"二字。陶行知曾以历史上的范例教育学生，如杨震的"四知"。杨震是东汉著名大臣，一生廉洁自律。有一次他赴任途中，昌邑令于夜间"怀金十斤"相赠。开始，杨震启发昌邑令说："故人知君，君不知故人，何也？"意思是告诉他应当知其为人，莫做这等无德之事。昌邑令偏不自觉，以为杨震是怕人知道，就说："暮夜无知者。"杨震正告他说："天知神知，我知子知，何谓无知！"由于杨震为官清廉，"不受私谒"，家庭生活十分清贫，有人想给他置办家产以遗后世子孙，他则说："使后世称为清白吏子孙，以此遗之，不亦厚乎！"认为能使子孙后代享有清白的名声，这是留给他们最为丰厚的遗产。此外，陶行知教育学生在义利、公私之前，应当严于律己，做到人前人后始终如一，一丝不苟。一个人具有了这样的私德，就能建筑起牢固的"人格长城"，抵御一切歪风邪气和污泥浊水，使自己成为具有高尚品德的"人中人"。

陶行知对中国优秀德育传统进行的批判继承，具有继往开来的历史意义。他的生活德育理论及实践成果，是我们今天加强德育，构建社会主义德育体系的重要思想财富。

### 三、生活德育理论的形成和发展

陶行知和同时代的先进者一样，很早就从救国救民的理想出发，探讨过国民道德教育的重要性。他曾撰文写道："政治之良否，视乎社会之风俗；风俗之厚薄，视乎人民之道德。"他将"民德衰"视为"弱国之原"。他分析了当时"人民无德育""人民无智育""人民无体育"的状况，并深深为之担忧。进而指出，只有"民力足，民德进，可以富，可以强，可以比驷列国，可以雄观寰球"。号召张民气，振国魂，发展教育事业，以"三育"教育国民。陶行知在金陵大学的毕业论文《共和精义》中更明确地指出："人民贫，非教育莫与富之；人民愚，非教育莫与智之；党见，非教育不除；精忠，非教育不出……同心同德，必养成于教育；真义微言，必昌大于教育。"陶行知认为，国民道德的养成，必须要靠教育。但教育如何有效地发挥德育的作用，这时的陶行知还没有明确的观念。只有与生活教育的思想结合起来，他才逐步找到了德育的正确途径与方法。

所以，陶行知的生活德育论，不仅随着生活教育运动的产生而产生，也必然随着生活教育运动的发展而发展。

（一）"德育注重自治"——生活德育理论的萌芽时期（1917～1926）

1917年，陶行知留学归国时，带来了以杜威为代表的生活教育思想，并试图以此改造中国的教育。1918年11月，陶行知就提出了"有什么样的生活，就该有什么样教育"的观点。他在《生利主义之职业教育》一文中，认为："生活主义包含万状，凡人生一切所需皆属之。其范围之广，实与教育等。有关于职业之生活，即有关于职业之教育；有关于消闲之生活，即有关于消闲之教育；有关于社交之生活，即有关于社交之教育；有关于天然界之生活，即有关于天然界之教育"。这是陶行知最早对生活教育的论述，也是对杜威"教育即生活"思想的突破，有了"生活即教育"思想的萌芽。

"五四"运动后，陶行知增强了教育改革的决心与力度。他极力反对传统教育脱离生活，脱离社会实际的倾向，主张教育与生活、与社会实际紧密结合起来。他在浙江第一师范的演讲中说："学校是小的社会，社会是大的学校。"并且认为，有生活就有教育，人从出生到老都在受教育，人"就是天天受教育，差不多从出世到老，与人生为始终的样子。你哪一天生存不是学？你哪一天学不是生存呢？"在《我之学校观》一文中，陶行知更明确地说："学校生活只是社会生活的一部分。学校不是道士观、和尚庙，必须与社会生活息息相通。要有化社会的能力，必要情愿社会化。"由此看出，他对杜威的"学校即社会"的思想也已有所突破，有了"社会即学校"思想的萌芽。

陶行知生活教育的方法论，也很早就开始萌芽了。1919年，他发表了《教学合一》一文，主张"教的方法要根据学的方法"，走出了改革的第一步，并毅然将南京高师的"教授法"均改为"教学法"。而在"学的方法"里面就体现了学生的主体性与自动性，有了"教学做合一"思想的萌芽。1925年，即明确提出"教学做合一"的名称。

随着生活教育理论的萌芽，生活德育思想也随之萌芽。1919年陶行知在《学生自治问题之研究》中提出"德育注重自治"，而且明确指出："学生自治这个问题，是自动主义贯彻德育的结果。"文章说，因为共和国需要的公民，是必须有共同自治的能力，所以德育自治是生活的需要；而"修身伦理一类的学问，最应注意的，在乎实行"，也就重在自己去"做"，在做中学，在做中教，所以，学生自治又是德育取得实效的需要。陶行知反对传统德育中的保育主义、干涉主义、严格主义等倾向，特别反对辱骂、体罚等行为，因为这些往往造成师生关系的紧张和格格不入。他认为，学校要培养有共和精神的学生，那么教师首先得有共和精神，事事和学生同甘苦。在《南京安徽公学办学旨趣》一文中，陶行知强调"我们最注重师生接近，最注重以人教人"，深信师生"共学、共事、共修养的方法，是真正的教育"，也就是真正的德育。陶行知还批评传统学校中"教育与训育分家"的现象，把"学习知识"与"修养品行"分为两件事。他认为全体教职员都有"训育上之任务"，都有责任引导学生"参与现代人生切要的生活，于一举一动前能下最明白的判断"。这些论述都可以看作陶行知生活德育思想的萌芽。

（二）"教人学做主人"——生活德育理论的形成时期（1927～1930年）

1927年3月，陶行知创办了南京晓庄试验乡村师范，培养志在改造乡村的小学教师，试验生活教育的新理，促进了生活教育理论体系的形成。

在晓庄师范开学典礼上，陶行知发表演说：晓庄师范学校不同于平常的学校，一无校舍，二无教员。我们的校舍，上面盖的是天，下面踏的是地，我们的精神一样要充溢于天地间。本校只有指导员而无教员，只有比较经验稍深或学问稍多的指导者。所以农夫、村妇、渔人、樵夫都可以做我们的指导员，因为我们有许多不及他们之处。我们只有认清了这两点，才能在广阔的乡村教育的路上前进。这段话中讲的"两点"，其实就是陶行知发明的"生活即教育"与"社会即学校"的新理。

晓庄师范是以陶行知自己的"生活教育"思想为指导开展试验的，冲破了传统的学校观。他办晓庄师范，与其说是让学生自己来学习，不如说是让学生来过生活，在生活中学，在生活中教。学校又是以"教学做合一"的方法安排生活的，中心是做，不是光读书。陶行知在《诗的学校》中写道："宇宙为学校，自然是吾师。众生皆同学，书呆不在兹。""白日耀青天，有人田里哼。明月出东岭，是吾看花灯。""天池育蛟龙，森林教狮虎。得所不伤人，此意谁与语？""不是桃花源，不是神仙府。只做人中人，无问他我汝。"

晓庄的试验是非常成功的，不仅培养出一批革命和教育的人才，而且通过试验和总结，初步形成了生活教育（也包括生活德育）的理论体系。

首先，确立了"生活即教育，社会即学校"的教育论。1930年陶行知写的《生活即教育》一文，批评杜威的"教育即生活，学校即社会"理论，是"以一个小的学校去把社会上所有的一切东西都吸收进来，所以容易弄假"，他决心摒弃杜威的理论，把它翻了半个筋斗，改为"生活即教育，社会即学校"，并从理论上对此做了系统论述。于是，生活即德育的思想也同时由此确立。

其次，把"生活即教育，社会即学校"教育论，与"教学做合一"方法论相结合，形成了生活教育理论体系。不仅强调教学做合一，而且强调以"做"为中心，在"做"上教的是先生，在"做"上学的是学生。同时在实践中探讨了什么是真正的做，指出"单单劳力，单单劳心，都不能算是真正之做。真正之做须是在劳力上劳心"。据此，"教学做合一""在劳力上劳心"也自然成了生活德育的重要原则。

根据生活教育理论，晓庄师范在办学过程中，学校与社会相互沟通，打成一片，师生个个与农民交朋友，关心农民疾苦，与土豪劣绅及一切恶势力进行斗争。晓庄的生活教育必然与当时的革命斗争紧密联系，必然把与农民同甘苦，为农民谋利益，改造乡村社会作为生活德育的重要内容。

陶行知在拟定晓庄的培养目标时，有一条是"改造社会的精神"。陶行知多次提倡人生"为一大事来，做一大事去"。什么是"大事"呢？他认为，"改造社会"就是人生的大事，是人生的价值体现。所以，陶行知把"改造社会的精神"作为生活德育的重要目标内容。如何培养"改造社会的精神"呢？只读读书、喊喊口号当然是不行的，必须让学生去过改造社会的生活，受改造社会的教育。故晓庄的德育是实实在在的生活德育，不是说教、灌输式的德育，是"动手""实行""体验"式的德育。晓庄三年培养的230多名学生，不仅把晓庄的种子遍撒祖国各地，成为积极开展生活教育运动的骨干力量，而且大多走上了革命的道路，为中国人民的解放事业和人民教育事业做出了巨大的贡献。这不能不说是陶行知实施生活德育的卓越成效。

1930年4月，晓庄师范被国民党政府强行封闭，陶行知在《护校宣言》中说：晓庄所办的是"真的教育，活的教育，健全的教育，主人的教育"，学校的职责是"教人学做主人"，决不去"摧残现代青年之革命性"。既然是教人学做主人，那么，"过主人的生活，就是主人的教育"，倘若嘴里读的是做主人的书，耳朵听的是做主人的话，而所过的是奴隶的生活，那么只能称之为"奴隶的教育"，或是"假的主人教育"。正因为如此，晓庄师生"对于侵犯这主人地位的势力，都要问个明白，和他一决胜负"，这才是真正的主人教育。这段话是对陶行知生活德育的最好注脚。脱离生活实际是假的德育，投身生活实际才是真的德育。

（三）"工以养生，学以明生，团以保生"——生活德育理论的发展时期（1931～1936年）

晓庄师范封闭，使陶行知的生活教育试验不得不中断。但他并不甘心，正如他在遭到通缉，被迫逃亡日本时所说："我们还要干！"1931年春，陶行知从日本潜回上海。不久发生了"九一八"和"一二八"事件，中国面临空前严重的民族危机。在此紧迫关头，为了团结人民共赴国难，陶行知积极提倡和推行普及教育运动。

陶行知说：中华民族已经到了生死关头，我们想要起死回生整个民族，须以最敏捷的手段，实施军事、生产、科学、识字、民权、生育六大训练，这样才能把国民造就成"健全分子"，才能让"教育时代落伍的人一起赶上时代的前线来"。

用什么办法来普及教育呢？按照生活教育原理，陶行知找到了一种新的办学组织形式，就是"工学团"。这种工学团以社会为学校，打破了传统的学校界限，把工场、农场、社会、家庭与学校真正打成了一片；是以生活为教育，实行"教学做合一"，打破了传统的师生界限，凡做上教的是先生，做上学的是学生。"工以养生，学以明生，团以保生"是工学团的办事原则，它的意思是：以大众的工作养活大众的生命，以大众的科学明了大众的生命，以大众的团体的力量保护大众的生命。工学团可大可小，从几个人的家庭、店铺，几十个人的学校、庙宇，几百个人的村庄，几千人的工厂，到几万人的军队等等，都可以成为工学团。它不需要围墙，不需要另外建房子，不需要添多少设备，所以它是用穷办法去普及穷人教育的好形式；它又能将工场、学校、社会打成一片，人人生产，人人长进，人人平等互助、自卫卫人，这就有利于实施普及教育的六大训练，以较快的速度提高人民的觉悟，把人民团结起来。显然，"工学团"已不是一般意义上的学校，工学团的教育也已不是一般意义上的教育，它的教育是以"大德"为统帅，完全是大众的德育，是社会的德育，是生活的德育。

为了解决普及教育中师资严重短缺的问题，陶行知又打破了传统的教师观念，提倡"小先生制"，号召"全国小学生总动员做小先生"，用"即知即传"的办法把知识道理传递给大众。有人怀疑小孩子是否能做小先生，陶行知说，自古以来，小孩子是在教人，"小孩子的本领是无可怀疑"的。他列举了小孩能教小孩、小孩能教大人的"铁证"，如晓庄的儿童自动学校，淮安新安小学的儿童旅行团，宜兴的西桥儿童工学团等。他们的实践证明了，小孩不仅能教小孩，小孩也能教大人，而且"小孩子最好的先生是前进的小孩"，"成人跟着小孩追求现代知识是变成老少年"，且"能解决女子初步教育问题"。所以，不到一年，"小先生制"很快推广到全国二十多个省市，形成一支普及教育的大军，也可以说是生活德育的大军，在团结人民、教育人民共赴国难的运动中发挥了积极的作用。

工学团教育了成千成万工农大众和他们的子女，也为革命培养了许多优秀的干部。

这个时期还应提到的是淮安新安小学组建的"新安旅行团"，它既是宣传抗日救国的少年儿童组织，又是实践陶行知生活教育思想的流动学校。孩子们在旅行修学和宣传活动中，在抗日救亡生活中，受到了生动深刻的爱国主义教育，经受了艰难困苦和血与火的洗礼，逐步成长为坚强的革命战士。

"工学团"与"新安旅行团"的思想与实践丰富和发展了生活教育理论，也成为生活德育实践的成功典范。

（四）教育是"人类解放的武器"——生活德育理论的成熟时期（1937～1946 年）

一二·九运动后，国难当头，陶行知曾提出了国难教育，以挽救国家危亡为目的。"七七"事变爆发，全国进入抗战时期，陶行知根据"有什么生活就有什么教育"的原理，及时把国难教育改为战时教育。他明确指出战时教育必须遵循"社会与学校打成一片""生活与教育联为一气"的原则，其目的是社会与学校"彼此互相推动"，使"全民皆具有抗战信念"，并"养成民众战时之生活"，使一切生活"悉含有抗战之意味"。总之，战时教育之实践，"处处以抗战为对象"，"生活为抗战，抗战即生活"。陶行知等通过办各种战时教育服务团体，或办免费的儿童和成人补习学校，把战时教育送到每一条弄堂、每一个角落去。生活教育运动配合抗日救国的斗争，有了进一步的发展，在内容和形式上也有了新的变化。1938年，根据全面抗战的需要，陶行知又提出开展全面教育。他说："全面教育的意思，就是说，要将教育展开到前方与日人的后方，以至于整个的世界……就对象而言，……应该把教育展开到全部的青年去，全部的儿童，全部的壮年，全部的老人，连全部的老太婆都在内。"凡是战时发生的教育问题，都应该是全面教育所应关注的，例如"军队教育、壮丁教育、伤兵教育、难民教育"等等。老百姓为躲避空袭，经常躲到山洞里去，陶行知就提倡办山洞学校，在山洞里"学习抗战的知识和各种抗战应用的技能"。他说："山洞学校亦就是生活教育的一部分。"总之，"教育是民族解放的武器，人类解放的武器。不展开到整个民族，整个人类，不够称为全面教育"。全面教育是抗战时期生活教育的全面推广和实践，也是生活德育的全面应用，对推动全民抗战有着不可磨灭的贡献。

1939年，陶行知为培养难童中的人才幼苗，以"为整个民族利益造就人才"，他在重庆北碚草街子创办了育才学校。这是又一所生活教育的试验学校。在晓庄提出的德、智、体、美、劳五育和谐发展，到育才学校有了更为丰富充实的内容。育才学校既有普修课程，又有分专业的特修课程。两套课程是普通教育与专业教育的有机结合，他们相互促进联成一体，既重视文化基础课程的学习，又注意学生特殊才能的发展，充分体现了理论联系实际、因材施教的原则。

育才的教育基础是建立在集体生活之上的，陶行知认定要用集体生活来达到教育的理想与计划，育才学校的集体生活注意民主与集中，在民主方面，启发学生自觉、自动、自治以及个性的发展；在集中方面，注意统一的生活规律与严格要求，注意教师的辅导，防止自流。此外，陶行知还提倡创造教育，发展学生的创造能力和研究能力；还组织学生与农民交朋友，组织参加劳动生产。总之，育才学校从教学内容到教学方法，都是在生活教育学说的指导下开展的，学校与社会相沟通，教育与生活紧密联系，学习与生产劳动相结合，手脑并用，教学做合一，使学生得到全面和谐的发展。育才学校的实践使生活教育理论趋于系统化和完整化。

在育才学校，陶行知始终将德育放在各类教育之首。而教育与生活的结合，反映在德育上，便是道德训练与学生的日常行为的密切结合。所以陶行知在育才学校制定了具体详尽的"公约"，以此训练学生行为，修养道德。育才学校的实践使陶行知的生活德育论同样趋于系统化和完整化。

抗战胜利后，"要和平，争民主"是时代发展的需要，是人民大众的愿望。陶行知又积极倡导开展民主教育运动，主办《民主星期刊》，并将《战时教育》杂志改为《民主教育》。

为了促进民主运动的开展，陶行知不仅在重庆主持举办每周一次的"民主讲座"，请知名进步人士演讲政治时事问题，并于1946年初创办了"社会大学"，培养新一代民主斗争的骨干力量。社会大学是一所新型的革命大学，其办学宗旨、方针、学制、课程等均有自己独特的风格，"社大"每一门课程都与当时的革命斗争紧密结合，使同学们逐步提高革命的觉悟和斗争的艺术。

"社大"以人格教育、知识教育、组织教育、技术教育四项为教育方针，而人格教育以建立革命的人生观和正确的宇宙观为目的，这是四项教育方针的重点、核心。"社大"坚持民主办学、民主治校。学习方法以"自学为主，教授为辅"，提倡"教学做合一"，强调"主动、实践、集体"，使每个同学达到自动、自学、自问的境界。"社大"同学与育才同学一样，坚持以社会为学校，积极投身于当时的革命斗争实践，如在震惊中外的"沧白堂事件""较场口事件"中，"社大"与"育才"的同学一起参加了组织工作和保卫工作。第一期办学仅三个月，但已为革命事业培养了很多青年干部，他们与育才学校的学生一样，在新民主主义革命运动中和以后的社会主义建设事业中都发挥了积极的作用。

社会大学的实践，可以说是陶行知生活教育理论体系的完整体现，也是其生活德育理论的完整体现。在陶行知的有生之年，"生活教育"理论（包括其生活德育理论）已进入了成熟时期。正如陶行知自己所说："生活教育理论，是半殖民地半封建的中国争取自由平等的教育理论。"我们同样可以说，陶行知的生活德育理论是半殖民地半封建的中国争取自由平等的德育理论。

陶行知的生活德育理论，是一种具有中国特色的教育理论，它必将伴随着生活的前进、时代的发展，而更加发扬光大！

# 第四章 生活德育理论的价值体现

## 第一节 生活德育理论是具有强大生命力的德育理论

陶行知从德育与生活辩证统一的角度上，给我们留下了一份丰富的具有强大生命力生活德育理论遗产。陶行知的生活德育理论具有明确的政治性、广泛的群众性、鲜明的民族性、强烈的时代性、浓郁的人文性以及坚实的实践性等特征，对建构有中国特色的社会主义德育体系具有直接的启示作用。

### 一、生活德育理论具有明确的政治方向和广泛的群众基础

陶行知是中国先进知识分子从民主主义战士转变为共产主义战士的典型。陶行知从救国救民的坚定立场和深厚感情出发，逐渐认识到只有中国共产党才是真正救国救民的政治力量，从而加强了与中国共产党的联系。每当和中国共产党的领导人谈心回来，他总是兴奋地说："去时腹中空，回来力无穷。"陶行知一生不断探索真理，坚持真理，坚定地信仰马克思主义。他阅读了大量的马克思主义原著，并组织育才学校师生共同学习。早在 20 世纪 30 年代，陶行知就和蔡元培等人共同发起纪念马克思逝世五十周年大会，宣传马克思主义。他三次瞻仰马克思墓，歌颂马克思是"光明照万世，宏论醒天下"，表达了他对马克思和马克思主义的崇敬和信仰。

陶行知一生艰苦探寻中华民族之出路和中国教育之出路，为实现一个最根本的时代目的，即为了中华民族"早一点觉悟"成为"努力探获真知识的民族"，以便"早一点离开死路而走向生路"。一切为了人民，办中国人民所需要的教育，是陶行知的人生观、价值观，也是他的教育观。一句话，陶行知是把"在止于人民的幸福"作为他的全部教育活动的出发点，作为他的人生终极追求。

由于有先进的政治思想为基础，他的生活德育理论的政治方向是正确的、坚定的，主要表现在：一是培养目标的进步性。他把"教人求真""学做真人"作为德育的根本任务。陶行知是从做人的角度来规定他的德育目标，说明他的教育是"人生教育"，他的思想是进步的"人

生的哲学"。二是德育内容的人民性。陶行知始终把"新民德""进民德"作为评价德育价值的标准。因此陶行知在规定德育内容时，总是把社会理想与道德理想结合起来，把私德与公德联系起来，并且还要"明大德"。他创造性地提出了"大德"的概念，极大地丰富了德育的内容。什么是大德，就是大众之德，一是觉悟，二是联合，三是解放，四是创造。可见陶行知讲的大德，就是觉悟起来，联合起来，争取大众的解放，改造旧世界，为大众创造幸福的、崇高的道德境界。三是德育途径的实践性。"行——知——行"是陶行知的哲学思想基础，也是他的德育论的根本原则和方法。他曾明确指出："我们是要在行动中追求真知识。行动遇着困难便不能不思想，思想贯通便取得了真知识。运用真知识以行动，便走上了创造之路。"他强调要到实践中去体悟，到老百姓中去学习，到火热的斗争中去锻炼。

## 二、生活德育理论具有鲜明的民族特色和强烈的时代气息

陶行知以改造社会，振兴中华为教育的根本目的，以中国最广大人民群众的利益为教育的出发点，从中国国情出发改造教育的途径和方法。陶行知生活德育理论是革命的、进步的、富有中国特色的德育理论，具有鲜明的民族特色和强烈的时代气息。陶行知坚持和发扬中国优秀文化传统，积极借鉴优秀的传统道德并使之现代化。陶行知一方面坚决反对旧传统教育思想，另一方面又批判地继承，"古为今用"。他说："我们只问是非好坏，不问新旧宽严。是的、好的，虽旧必存；非的、坏的，虽新必除。"陶行知对于"中国固有之美德是竭诚的拥护的"。比如：他把古代"天下为公""民贵君轻"的思想用于教育，发展为"教育为公"，"教育为公"的内涵就是"人民第一，一切为人民"，"努力发展为广大劳苦大众服务的教育"；在规定德育目标时，把古代先贤的"学做仁人"发展为"学做真人"，"做人中人在解释"人中人"时，吸取了传统道德教育中的精华，他说："做人中人的道理很多，最要紧的是要有'富贵不能淫，贫贱不能移，威武不能屈'的精神。"后来加了"美人不能动"；要求学生在实际的生活中培养高尚的品德，主张活到老，学到老。这与我国古代德育强调教育与人生日常生活相结合的思想是一脉相承的。尤为有趣的是，曾参有"每日三省吾身"的先例，陶行知有"每日四问"的修身法，两者何其相似。特别是将"新民"进一步改为"亲民"，并在重庆创办社会大学时解释说："社会大学之道，要亲近老百姓。""变成老百姓的亲人"，就被赋予了全新的内涵。这同我党"全心全意为人民服务"的宗旨多么一致。陶行知在实施德育过程中，经常思接千载，灵活地运用历史上的道德榜样的先例，使他的教育富有强烈的民族精神和道德形象的感染力。可以说，陶行知是我国近现代教育思想家中最善于把先进的教育思想与我国传统的道德教育思想相结合、融会贯通、古为今用的典型。

### 三、生活德育理论具有浓郁的人文精神

人文精神是整个人类所体现的最根本的精神，它以追求真、善、美等崇高的价值理想为核心，以人的自由和全面发展为终结目标。陶行知把德、智、体全面健康发展作为生活德育的起点和最终归宿，把思想道德品质作为人的根本素质。陶行知德育主张的萌生及其生活德育论的形成，其思想基础乃是他对社会个体道德品质重要性的认识。在他的教育思想中，就极为注重社会个体的道德或人格修养，将个人道德之良否视为处世为人最基本的准则。在他看来，就个人的成才来说，人生在世，固然需要有才有识，亦智亦勇，但这些必须以德为先，揆于正道，方能使学识不致偏倚，智勇得能善用，成为能负天降大任之人，是故"欲载岳岳千仞之气概，必先具谡谡松风之德操；欲运落落雪鹤之精神，必先养皑皑冰雪之心志"。陶行知的教育观是从改造人的道德品性开始的。他说："教育能改良个人之天性。人之性情有善有恶，教育能使恶者变善，善者益善。"因此他把道德看作"建筑人格长城的基础"，是"做人根本"。就对周围集体影响而言，在群体生活中个人角色作用发挥的好坏，直接关系着自己所生活的组织声誉和利益，即如曾为一学校成员者，"苟同人中一份子于某地方上，能发展其事业，尊重其道德，某地方上人人皆赞扬母校矣；苟一不慎，或公德缺乏，或私德逾闲，某地方上人人亦将毁谤母校矣"。就社会整体关系而言，一国"政治之良否，视乎社会之风俗；风俗之厚薄，视乎人民之道德"。因此，人民中间任何一分子之个体道德良否，直接关系到"共和国的基础"。可见社会个体的道德如何，既关系自己本身的发育成才，也关系着周围集体的声誉进退，还关系整个社会的稳定兴衰。

### 四、生活德育理论闪耀着辩证唯物主义认识论的光辉

"教学做合一"是陶行知生活教育原理的方法论。这一方法论，不仅用之于文化科学知识的教与学，而且也适用于道德的修养。如前所说，教学做合一必须坚持以生活为中心。所谓"以生活为中心"就是教学做的所有问题，都是从生活中发生出来的。从生活中发生出来的困难和疑问，才是实际的问题；用这种实际问题来要求解决，才是实际的学问。它的实验室是大自然和大社会。陶行知反对闭门修养或一味说教，主张通过社会实践来培养良好的品德。他在《育才学校教育纲要草案》中指出："育才学校的儿童必须过战时生活，必须为抗战服务，必须在抗战洪炉中锻炼。否则，我们便没有理由希望他们成为未来的建国人才。"陶行知倡导学生自治，目的就在于通过学生自我管理这一实践活动，提高道德认识，发展良好品德。因为在他看来，良好品德的发展，"全靠着遇了困难问题的时候，有自己解决的机会"，解决一个问题，"就长进了一层判断的经验"。所以他把学生自治看作学生"修身伦理的实验"，并指出要革

除道德认识与道德行为分离的弊病，"非给学生种种机会，练习道德的行为不可"。从以上看来，陶行知的德育理论和实践处处闪耀着辩证唯物主义认识论的光辉，是理论和实践辩证关系在德育中的体现和运用。

### 五、陶行知的"万世师表"精神是取之不尽、用之不竭的道德榜样力量

陶行知热爱祖国，热爱人民，献身教育，大公无私，忧国忧民，矢志不渝，勇于实践，勤于探索，其师表精神光彩照人，是取之不尽、用之不竭的道德榜样力量。

陶行知以伟大的胸怀和高尚的情操，自觉放弃优裕的生活条件，视高官厚禄为敝屣，摩顶放踵，含辛茹苦，以"生为一大事来，做一大事去"的远大抱负，团结同志，在困难丛生、阻力重重的环境中创办乡村师范、工学团、育才学校和社会大学等，努力开展平民教育、乡村教育、科学教育、国难教育和民主教育，坚持不渝，百折不挠。他主张"爱满天下"，"爱中华民族中最多数而最不幸的农人"，爱包括乡村儿童、流亡难童在内的全国一切儿童。但是，他对于社会上的丑恶事物，对于反动政府的压迫，却坚决斗争，毫不妥协。他在 20 世纪三四十年代，坚持中国共产党的正确路线，坚持抗战，坚持进步，在反独裁、争民主的斗争中，一往无前，视死如归，表现了一个党外布尔什维克的高贵品质。

陶行知的"捧着一颗心来，不带半根草去"的无私奉献精神；他的"民之所好好之，民之所恶恶之，教人民进步者，拜人民为师"的全心全意为人民的公仆精神；他的"先生之最大的快乐是创造出值得自己崇敬的学生"的博大胸怀和甘为"人梯"的精神；他的"敢探未发明的新理，敢入未开化的边疆"的开拓创新精神；特别是他的一贯提倡和弘扬的"富贵不能淫，贫贱不能移，威武不能屈，美人不能动"的民族正气等等，在他的一生中都得到了彻底的实践和完美的体现。宋庆龄称颂他为"万世师表"，这是对陶行知一生的高度赞扬。陶行知崇高的师德将万世长存，光照千秋，永远是人们的道德楷模和德育典范。

## 第二节 生活是德育改革与创新的价值取向

陶行知生活德育理论告诉我们，生活是德育的基础，是德育的意义之源，德育的整个存在和本质，都是由生活所规定的。德育又能够提升生活的意义，对生活起积极的推动和促进作用。如果德育与生活割裂开来以后，便丧失了德育的意义的源泉。当德育重新回归生活，找到其意义之源后，它就可以重新担任起提升生活意义的重任。从本质上讲，德育只有植根于生活世界，才能具有深厚的基础和强大的生命力。

在新的世纪，谋求德育向生活的回归，实现生活与德育的融合已成为一种重要的教育改革精神和发展趋势。回归生活世界的德育在目标上意味着要培养会在生活世界中生存的人。这个目标既具有健全发展的自主性，又具有健全发展的社会性。回归生活世界的德育在内容上要把德育理解为生活中的教育。回归生活世界的德育在范围上意味着要突破狭隘的学校课程的疆域，促进学校课程与社会课程、学科课程与实践课程之间内在整合与相互作用。

一、回归生活是德育改革和创新的必然

回归生活就是在生活过程中进行德育。德育回归生活的重大意义在于更加切近德育的客观规律。

第一，生活有助于促进学生的德性发展。道德是人的"生活规则"和实践结果，人的道德素质所体现的是对生活规则的运用能力。社会生活不断丰富着道德活动的条件和环境，使道德活动的领域不断扩大，水平逐渐提高。随着人参与社会生活实践程度的加深，社会生活不断对人的道德水平提出新的要求，这种要求与人目前道德水平之间形成一种不平衡状态，产生了道德需要。这种道德包含着人的认识、情感和意志，是人参与道德生活、发展自身德性的动力。生活德育通过为学生提供各种各样真实的道德情景和道德冲突，通过学生现实的人际交往，不仅把抽象的道德原理和规范以具体的方式呈现出来，从而加深学生的道德认识，培养学生对道德情景的自主判断能力，而且会使学生产生相应的情感体验和自觉的参与意识，这就有可能使学生的道德知识转化为自己的观念和品性，从而使学生在未来遇到相似的情景时受到类似情感的触发而引起道德行为动机。陶行知认为，这种行动和思想相联系的教育方式，是最好和最深刻的道德教育，能产生新价值。因此，生活在培养学生的道德行为能力和激发学生的道德情感方面具有无法比拟的优势，是人的德性发展的动力源泉。

第二，生活能够促进学生德性的整体性发展。德育学科课程尽管能给学生提供未来行为的认知图式，它们在学生头脑中却往往只是以知识形态存在，而不是以能影响学生的行为即成为学生品性的一部分的观念存在的。也就是这样的道德知识对个体在具体道德情景中的行为影响是很小的，只有在个体价值观念单一，不能或无须作出独立的道德判断和选择的情景中，它们才会成为行动的线索。而对处在变革和多元化时期的学生来说，由于影响其行为的因素十分复杂，因而仅有道德知识这一行为线索并不能有效地引发学生的道德行为。陶行知认为："修身伦理一类的学问，最应注意的，在乎实行。"如果道德和行为分离，必然导致"嘴里讲道德，耳朵听道德，而所行所为却不能合乎道德的标准"。教育部颁发的《品德与生活课程标准》所持的德育理念充分体现了陶行知的生活德育思想，即"我们在品德教育方面的基本理念是一种生活德育的理念。我们认为道德始终存在于人的整体生活之中，没有脱离生活的道德，人们是为了生活而培养个体的品德，改善和提升社会的道德的，并不是为了道德而道德。同样，个体品德和社会道德的提高与发展也只有通过人们自己的生活。脱离生活的道德和品质必将导致道德和品质的抽象化、客体化，脱离了生活去培养人的品德也必将使这种培养因为失去了生活的依托和生活的确证而流于虚空、形式、无效"。人的完整的德性应是知、情、意、行的协调统一，个体只有置身于道德实践中才能达到这种统一。同时，道德意义上的完整性不仅要成就自我，还要通过成就自我影响社会，成就他人，即人的完整的德性是自我价值与社会价值的完美统一。只有参与生活实践，才能实现这种统一。

## 二、德育实践课程是德育回归生活的主要教育形式

陶行知非常重视课程改革在学校教育中的地位。他说："盖课程为学校教育之中心，假使课程得有圆满解决，则其他问题即可迎刃而解。"那么课程改革的价值取向是什么呢？他认为，课程要与生活、活动密切结合在一起。陶行知说："整个的生活要有整个的教育。每个活动都要有目标，有计划，有方法，有工具，有指导，有考核。"他还提出："我们的实际生活，就是我们全部的课程。"陶行知虽然没有提出德育实践课程的名称，但实际上已把实践课程作为德育的主要教育形式。这为新一轮课程改革中设置德育实践课程提供了先哲的启示。

德育实践课程是基于学生的直接经验，紧密贴近学生自身生活与社会生活，由学生自主实践和探索，体现对道德知识综合运用的全新德育课程。德育实践活动是以个体和集体的各种具体活动和行为展开的，实践过程本身就是道德行为能力的运用和学习过程，因而德育实践课程不仅利于加深道德认识，激发道德情感，而且特别适合于道德行为能力的培养和获得。德育实践课程应成为学校德育的主导形式。

德育实践课程相对于学科式德育课程具有整体性、社会性、真实性特点。

德育实践课程的整体性首先表现为德育目标的整体性。陶行知说："我希望诸君至少要作一个人；至多也只作一个人，一个整个的人。""整个的人"体现了德智体诸方面全面共同发展。其次表现在德育与整体性的生活血脉相连。正如陶行知所说的："整个的生活要有整个的教育"，"到处是生活，即到处是教育"。德育从生活出发，在生活中进行，又回到生活，不是撇开生活"另立门户"。

第三，生活德育的目标指向的不只是知识性的德性，而是知、情、意、行构成的包含道德内容的德性。这种"知情意的教育是整个的，统一的"。这种整个的德性是由德行确认并体现在德行之中，是生活实践中的具体可感的德性。

第四，德育实践课程贯穿在学生的所有生活之中，这种生活不是从空间上－被肢解的生活，也不是从时间上被切断的生活。从学校范围看，学校生活没有真空，所有生活都与道德有关，而且超出学校时空向外向后延伸，是全程德育。

最后，德育实践课程的整体性还体现在教育者和受教育者共同接受教育，在生活实践中"互相感化，互相改造"。德育实践课程的社会性是指德育是在已有的社会关系里通过社会实践进行。一个人的德性发展不是在个体独自的抽象道德知识学习下进行，而是在集体生活的背景下通过交往互动进行。"集体教育是全盘教育的基础"。集体生活和集体教育既是德育实践课程开展的条件、背景，也是德育实践课程的内容和目标。德育实践课程要克服以往德育"知识性""思维性"和人际封闭性，而是通过集体生活实现德育的现实性、多向性和有效性。人的道德发展是在人与人之间的相互作用中实现的，人的道德行为选择是在对他人的理解前提下进行的。

德育实践课程的真实性是指课程的内容、过程和效果都是真实的。德育实践课程以"学校生活作为社会生活的起点"，"远处着眼，近处着手，改造社会环境从改造学校环境做起"。课程的内容是学生具体的、当下的、真实的生活。教育的过程是真实的。师生在教育过程中求得"精神的沟通，感情的融合"，共同关心"国家大事、世界大势"，"相依为命，不能生隔阂，更不能分阶级"，从而实现"人格互相感化，习惯要互相锻炼"。教育的效果也是真实的。在教育过程中"引导学生于一举一动前能下最明白的判断。这样一来，即刻牵涉到善恶、是非、曲直、公私、义利之分。这样一来，即刻牵涉到个人所处的地位、实惠及发生关系的人"。通过练习游泳而学会游泳是真实的，通过道德的生活而学会道德同样也是真实的。

### 三、确立人才培养新目标，全面提高国民素质

我国新一轮课程改革的核心是以提高国民素质为宗旨，确立人才培养新目标，造就适应21世纪社会发展的德智体全面发展的新一代国民。因此，新课程改革决不能只从教科书和教育内容改革的视角出发，而是要从人才培养目标出发，深刻思考面对21世纪的挑战，我们的学校应该培养什么样的人。

陶行知的生活德育论把个人与社会作为有机整体，用整合的观点规划培养目标，提出正确解决个人和他人、个人与社会、个人与自身关系的要求和目标，这也为新课程德育目标的确立提供了很好的借鉴意义。

（一）在处理个人和社会的关系上做到"自我向社会化道路发展"

陶行知非常重视人的社会化问题，但他不是社会本位论者，他在强调实现人的社会化的同时，也十分重视发展人的个性，提出"儿童之自我向社会化道路发展"，将社会化和个性化相

统一，而不是相对立。陶行知所说的社会化，不仅包括人应具备的"集体精神"，更应包括人应修养适应社会发展需要的品德，也就是"每一个学生个性上滋润着智慧的心，了解社会大众的热诚，服务社会与大众自我牺牲的精神"。

（二）在处理人与人关系上推崇"大丈夫精神"

陶行知非常推崇"推己及人的恕道"，视其为处理人与人关系的"道理"之一，并将"忠恕之道"从属于"大丈夫精神"。他说："我们不但是物质环境当中的人，并且是人中人。做人中人的道理很多，最要紧的是要有'富贵不能淫，贫贱不能移，威武不能屈'的精神。"他还说："那么推己及人的恕道，和大公无私容量，也是做人中人的最重要的精神。把这几种精神合起来，我找不到一个更好的名词，就称他为'大丈夫精神'。"陶行知的"大丈夫精神"可从两方面来理解。一方面是人生活在社会中要有所作为，要能够正确对待金钱的诱惑，处理好富贵问题；要正确对待自己所处的社会地位，处理好金钱问题；要正确对待强权的胁迫，敢于直面威武的暴力。另一方面在处理与他人关系时，要以仁爱为出发点，推己及人，推己及物，讲究待人接物之道。

（三）在处理人与自身关系上要实现"智、仁、勇三达德"

陶行知认为，智仁勇"为个人完满发展之重要的指标"。所谓智就是要有道德认知和道德智慧。陶行知说："'大学之道'在明明德。明德即真理。第一个明学便是明白和阐明。明白是自觉，阐明是觉他。"也就是说一个有智德的人，必须是一个"自觉"并能他觉的人。所谓仁，就是自尊自爱，关爱他人。陶行知倡导人要有"爱满天下"的精神，就是以"仁"为核心的"和合精神"的体现。所谓勇就是人要有"力行"精神，坚持道义的气节，言行一致的作风，具有坚毅的道德意志。

# 第三节 生活德育理论是开展主体性德育的需要

时代呼唤主体，主体呼唤主体教育，随着社会的变革和市场经济的发展，伴随着人们逐渐由依附走向独立，尊重学生的主体地位，开展主体性德育已成一为当代德育的主题。

主体性德育是以建立师生互动关系为基础，以培养学生道德主体性为目标，以培养和优化学生道德接受机制为核心，充分尊重学生的主体地位，积极发挥教师的主导作用，促进学生道德认知、道德情感、道德意志和道德行为全面和谐发展的道德教育模式。主体性德育的最终目标是促进学生的思想品德全面提高，实现人的全面发展。陶行知虽没有明确提出"主体性德育"这一概念，但在他生活德育理论中却蕴涵着极为丰富的主体性德育思想。陶行知关于"六大解放"，开展开放性德育的思想，以及尊重学生主体地位，培养具有生活力、自动力的"真人"等一系列论述与主体性德育的理念在本质上是一致的。

一、尊重学生主体地位，实现六大解放。

尊重学生主体地位是实现主体性德育的核心。这是由主体性德育的根本特征和培养主体性学生的根本目的决定的。从哲学角度讲，主动性是人作为实践活动、认识活动的主体的基本特征。尊重学生主体地位，是因为学生是教育目的的体现者，是德育目标的实现者；学生是德育活动的主人，他们在能动的自主的活动过程中才能发展自身的素质品质。

尊重学生的主体地位，就是要尊重学生，相信学生，充分发挥学生的主动性和能动性，重视学生的个性和独立性的发展。为了实现这一目的，陶行知提出了著名的"六大解放"思想。"六大解放"的价值可以理解为"尊重学生的地位""发现学生的价值""挖掘学生的潜能""发展学生的个性"。"六大解放"是主体性德育的基础。

教育就是解放人，就是把人的"自然的生长力"从形形色色的桎梏中解放出来。人的"自然的生长力"是陶行知创造的概念，这个概念是陶行知的主体教育思想的重要部分。陶行知坚信人具有理性，因此对学生抱有基本的信任。他说："承认小孩子有力量"，"不但有力量，而且有创造力"，"老百姓知道的，比我们知道的多"，"教人民进步者，拜人民为师"。总之，必须对人的自主性、学生的"自然的生长力"怀有足够的敬畏和尊重，不能以外力妨碍和挫伤人的"自然的生长力"。

教育对人的解放是全方位的，但首要的是解放思想。陶行知认为，桎梏有两种，一种是有形的，即裹脚布，它束缚人的身体；另一种是无形的，即"裹头布"，它束缚人的思想，它从根本上窒息了一个人的活力。陶行知大声疾呼，要把这种种要不得的"裹头布"，一块一块撕下来，如同中国女子勇敢地撕下了裹脚布一样。

二、倡导"做人教育"，完善主体德行

陶行知的生活德育理论以完善人自身为目的，以提升人的价值为指向，因此在本质上是立人教育、做人教育。陶行知倡导的"做人教育"，跟传统教育有根本的不同：它不是人性的禁锢和蜷缩，恰恰相反，它是人性的舒展、独立、自主。

陶行知倡导的"做人教育"内容是求真、取善、自爱、利群。

"求真"，就是"教人做真人"，"做真善美的新人"，"为人须为真人"，"毋为假人"。陶行知认为"求真"是人生立世指南，"求真"才能运用"真我"战胜"伪我"，最终获得人的独立性和自主性。"作伪"即为败德，而败德的行为，始则"欺人欺己"，终则"蠹国殃民"。

"求真"就是要做真君子。真君子要真实真诚、真知真学、真情真性。真君子通过真教育造就。陶行知创造的生活德育就是真教育，它以学生为本位，以生活为本位。学生在回归真实的生活中回归真实的自我。

"取善"，就是在人性上要取善去恶，存善弃恶。陶行知认为人的性情有善恶之分，而且善分子中含有恶，恶分子中亦含善，必须依靠教育加以改造。教育要取恶性中之善分子，去善性中之恶分子，从而养成疾恶从善之人，养成道德纯洁之人，确立做人之准则。

"自爱"，就是自我尊重，自我爱护，并通过"自我"而达到"爱人"，最终成为"爱国之人"。陶行知认为"自爱"是人的本质属性，是人之所以为人的主要标识。自爱的人才是真人，做真人必须自爱，如考试作伪就是"不自爱"。陶行知还认为，"自爱"是基础，是出发点。"己且不自爱，遑论乎推己而爱人？"由"自我"出发，再通过在人际关系上"爱人"的途径，不断地将"爱"对象的区域扩延，即同学之间"素存爱敬"，师生之间"相亲相爱"，在不同民族成员之间则"拿教育的精神和方法把五族的同胞都培养到一个相知、相爱、相敬的地位"，从而"博爱心生"，最终达到由"自爱"而"爱人""爱国"。

"利群"，就是要适于群生，利于群体。陶行知认为，"教育以适群为目的，故必求所以培养协力之道"。只有"适群"者才能"利群"。要做到"利群"，就得具有利群之能和利群之心，这样才能从行动上为社会造福。为社会造福就是要改造社会环境，要做一个"有进取性的人"，切不可"苟安"，"同流合污，听天由命，不了了之"。要做到"利群"，就不能做人上人，或是做人下人，而是要做"人中人"。

陶行知认为人是个完整的生命体，人的发展应该是整体的、和谐的发展。求真、取善、自爱、利群的要求与我们现在所谈的素质教育培养目标——学会做人、学会办事、学会求知、学会健体从根本上是一致的。而且陶行知认为这些方面的发展是相互联系、相互促进、缺一不可的，它们相互作用构成人的整体，如果其中之一没能发展，将使人畸形发展。其中求真是做人的最高原则，取善是对人性的冶炼，自爱和利群是为人的实践效应。这四个方面相辅相成，缺一不可。有了真心和善心，爱心和利群之心才会随之产生；有了爱心和利群之心，真和善才有了真切的体现。陶行知主体性德育思想符合马克思主义关于人的全面发展学说，对现行素质教育具有直接指导作用。

三、坚持"做事即修养"的途径，师生共同施行教育

为了使德育内容真正实现，并获得良好的实践效果，陶行知还就主体性德育的实施途径作了详尽说明。

在陶行知看来，进行道德教育，在学校一方就得有相当的纪律以导引，相当的制度以规范。除此以外，学校还应当有其他相应的措施，以利及时地彰优汰劣、抑恶扬善，以此造成一种良好的校风，使学生在德行上受其熏染而达潜移默化之效。陶行知认为，"真正的训育是品格修养之指导"，也就是坚持"做事即修养"的途径，让学生在教师指导下"共造校风""共守校规"，这是改进学校德育的"大关键"。

陶行知指出，在德育施行过程中，应该注重师生接近，注重"以人教人""厉行身教"。教师要主动亲近学生，凡是要学生做的事情、学的知识、守的规矩，教师自己带头共做、共学和共守，这才是"真正的教育"。

要想德育在学生身上产生根本的效力，除教师的以身立教之外，更重要的还得靠他自身的修养功夫。"因为为人，随便怎样精细周到，总不如人之自为"。所以陶行知主张，"学生对于学问方面或道德方面，都要使他能够自治自修"。这种自身修养，表现在思想领域，有如古人"善养浩然之气"和"善致良知"的静心养性之功。陶行知在主张"自省""自察"的德育途径的同时，还把实践的观念引入了道德教育的领域，这就是他明确提出的"做事即修养，修养即做事"的观点。他说："人之修养，多是静的"，"余之修养为动的修养，为事务的修养，即以从事为修养的机会"。

### 四、实行主体德育方法，全面提高学生品德素养

主体性德育既是教育观又是方法论。主体性德育实践，既是生活德育的要求，也是生活德育实施的方法。实施主体性德育必须做到：

（一）营造自由环境是实现"主体德育"的前提条件

自由不仅是人的成长规律，更是人自主、自强的主要标识。有自由才会有主体地位，要有主体性品格首先要有自由的地位。陶行知断言，没有自由，就没有教育。

怎样营造自由环境，首先对学生要抱有基本的信任。讲到儿童教育时，陶行知说："我们加入儿童生活中，便发现小孩子有力量，不但有力量，而且有创造力。"只有在信任的基础上，才能酿造一个宽松民主和自由的教育环境。扩大学生的活动范围，提高学生德育实践能力。其次要摆脱束缚，解放思想。在传统的教育里，儿童是没有自由的，受到多重束缚。按照陶行知的话，中国儿童"是在苦海中成长"，在"成人的残酷里"生活，"小孩子没有地位要让儿童获得自由，必须实施对儿童全方位的解放，其中首要的是解放思想。因为人对每一件事研究其中的道理，首先发生思想，思想贯通，以后才生信仰。有了信仰，才生力量。思想贯通，便等于头脑解放。头脑解放，才谈得上真正的自由。头脑解放，就是要从"人之迷信、成见、曲解、

思想中解放出来"。

（二）实施开放教育是实现主体教育的基本保证

实现主体教育，要求在德育过程中以动态、渗透、弹性、多元和多样的观念处理德育内容，运用德育方式，实施开放教育。

实施开放教育，一是德育内容要开放。陶行知曾说过，过什么样的生活就是受什么样的教育。生活要德育，生活在德育，德育离不开生活，这是生活德育的重要含义之一。陶行知通过自治生活培养学生道德评价能力和判断是非能力，通过集体生活培养集体精神。二是德育空间要开放。打破围于学校、围于教室的德育空间概念。学校德育应向社会延伸，各种社会场所都成为德育的场所，整个社会都是德育的范围。

（三）坚持教育民主是实现主体教育的关键

陶行知一贯强调师生关系的民主性，指出师生之间是一种平等互助的关系，学生是主体，教师起指导作用，也体现了主体德育的特点。只有教育民主，才会有学生人格的自由与发展，才会有思维的活跃和激荡，进而自觉形成健康的思想品德和精神。在晓庄和工学团时期，师生互敬互学，以朋友之道相处，教师学生摆在平等的位置上，师生共同履行德育实践的职能，充分体现了陶行知的平等民主思想。陶行知在谈学生自治问题时，也充分体现出他的教育民主思想。学生是自己行为的主人，需要对自己的行为作出自我选择，并对自己和社会负责。

# 第四节 生活德育理论是建立社会主义思想道德体系的需要

我国现在正处在一个重要的历史变化时期，社会主义市场经济体制的逐步建立以及带来的社会转型制约着整个社会生活、政治生活和精神生活的变化和发展，学校德育的改革和发展也要适应新时期的新要求、新特点。社会主义市场经济的发展，必然要求和产生一系列新价值观念和道德规范，客观上推动社会主义道德建设向前发展。这主要表现在：市场经济催化着个性的丰富和人性的发展，激励着人的进取精神，促进人的自主意识、独立人格的形成；强化着人的平等、自由和公正观念，推动着人们主体作用的增强，等等。但是市场经济的发展对道德建设的负面影响也是不能忽视的，比如，个人意识恶性膨胀，滋长损人利己的极端个人主义思想；视金钱为万物，产生拜金主义；损公肥私，权钱交易，甚至出卖国格人格；奢侈浪费，摆阔斗富，野蛮消费。这就要求在新的历史时期加强和改进德育，克服和消除市场经济的负面影响。

当前学校德育面临的一个重要问题，就是要正确处理好社会利益和价值观念多元化和德育的一元化问题。在以市场经济为先导的社会转型时期，社会利益和价值观念多元化的趋势是不可逆转的，但学校德育在价值观念导向上就不能走多元化的道路。这是因为，社会发展的任何阶段，都需要一定的公共的价值要求和行为准则去规范社会关系和人际关系，维持一定的社会秩序和彼此对其价值追求的尊重。市场经济越发展，越要从中约定一些一元化的价值目标和行为规范。学校德育的功能就在于用代表社会公共利益的一元化价值观念调节多元化的利益和价值观念。

坚持学校德育一元化，主要是德育目标内容的一元化。陶行知基于我国传统道德教育和西方道德教育的深层次思考，坚持人的社会化发展与个性化发展的辩证统一观，在道德教育基本出发点问题上起了继往开来的作用。在构建我国社会主义市场经济体制下的德育体系过程中，陶行知的关于人的个性发展和实现社会化相结合的思想无疑提供了借鉴的路径，指明了方向。陶行知认为，我国古代以社会为本位来处理人的道德修养，目的在于巩固中央集权的政治统治，其结果必然造成对合理的个人利益的损害，对个性发展的窒息。因此，他批判旧时的封建教育是"以天理压迫人欲"，使人的才能、志向得不到充分自由的发挥。而西方的私有制度决定德育片面突出人的个性，将其变为社会的对立物和他人的对立物，因此他又排除西方人本主义不良因素的影响，明确提出："大学是造就学者和领袖的地方，不是剃度和尚的地方。我们要大学培养与国计民生有关系的学者领袖。"在对学生进行道德教育中，陶行知特别强调集体主义观念的培养。陶行知在《教育者之机会与责任》中指出："人有团体，有个人，在这团体和个人中，便发生相对的关系。此种关系，应相互联络，以发展人性之美感。""个人的力量小，团体的力量大……小先生团是要拿团体的力量来制裁个人的行动，它是要把每一个人的力量集合起来，使这力量向着共同的目标发挥出去。"由此看来，陶行知重视培养学生的集体性。学生通过彼此联系的集体生活向社会化道路发展，培养集体精神，克服个人主义，用众人的力量集体地创造合理、进步和丰富的生活。陶行知认为，一个在集体生活中不能获得正常发展的儿童，可能终身只是"一个悲剧"。当然，陶行知强调实现人的社会化，并非否定发展人的个性，而是认为必须引导学生正确认识个人在社会上的地位，更好地为老百姓谋福利，为整个国家民族谋福利。

在社会主义市场经济条件下，进行道德教育、引导学生构造人生价值观过程中，借鉴陶行知关于人的个性发展和实现社会化相结合的思想，教育学生把个人纳入社会，把对社会的贡献与个人的发展结合起来，把个人命运和祖国繁荣联系起来，使他们强烈感应时代脉搏的跳动，解放思想，更新观念，适应时代，确立与社会主义市场经济相适应的务实、创新观念和开拓进取精神，反对以个人为中心、个人利益至上的错误倾向。当然，在坚持个人与社会统一，强调把社会整体利益和人民利益放在首位的同时，还必须充分尊重个人的正当利益，使个人和社会和谐发展。

新形势下的德育改革和发展，不仅要和社会主义市场经济和社会发展要求相适应，同时还要与中华民族传统美德相承接。中华民族传统美德是我们中华民族几千年共同创造、不断积累起来的道德精华，体现着中华民族整体的精神风貌和积极进取的价值取向。它不仅在历史上是推动社会发展和进步的精神力量，即使在今天，也仍然"顽强地存在于人们的意识中，成为新道德建设的根基"。当前一定要深刻认识传统美德的自身价值，并将其纳入新时期德育系统工程中，为学校德育注入新的活力和生机。

陶行知的生活德育理论继承了我国古代德育的优秀传统，是奠定在我国历史文明坚实基础之上的恢宏大厦。陶行知坚持辩证唯物主义观点，全面审视中国传统道德。他对待传统道德，坚持"破"与"立"相结合，继承借鉴与开拓创新相结合，特别强调"明辨择善"和"只问适不适，不问新与旧"，采取去其糟粕、取其精华的批判继承态度。陶行知对中国传统道德有着深透的研究，能把握其中的精髓，在继承、借鉴的基础上进一步弘扬和发展。陶行知正确处理了传统道德与现代道德的关系，成功地构建了适合中国国情的生活德育理论。

陶行知在历史转型时期，对于中国传统道德的认识以及所采取的态度，以及解答的理论课题，在中国近现代教育史上是颇具特色的，是革命的、进步的、正确的代表。这对当前建立社会主义思想道德体系、正确对待传统道德以及弘扬精华内容，将是一个长久的启示。

首先，把中华传统美德教育作为新时期德育重要内容，符合道德教育的规律。

道德作为文化形态的一种，要想建立新的体系，必须继承和借鉴前人积累和遗留的思想材料。离开传统道德材料，是不可能建立新的道德体系的。概

观陶行知的生活德育的基本内容，可以归流于中国传统道德精神中优良成分的承衍。其中"千教万教教人求真，千学万学学做真人"是历代先贤"求圣""求真"德育目的论的精神折射，对此《伪君子篇》作了最好的说明；"改良个人之天性"，"使恶者变善，善者益善"则是中国古代德育人性论的现代诠解，而德育改性则是孔子以来历代教育家都直面的命题；"大丈夫精神""做人中人""自我向社会化道路发展""知识公有"等是吸收了传统道德中人格修养的内容，其中"智仁勇三达德"更是一种对古代道德教育内容的强烈反映。

在当代德育发展过程中我们决不能丢掉和脱离历经数千年大浪淘沙而积淀起来的文化根基，必须把弘扬和继承中华民族传统美德作为一个重要内容摆到应有的位置上，坚决清除对待文化的冷漠和民族虚无主义态度的余毒，否则，就无法顺利实现传统和现代的对接，创造出"既体现优良传统，又反映时代特点，始终充满生机和活力"的新时期德育系统工程。

其次，开展传统美德教育，是增强德育有效性、针对性的需要。

中华民族传统美德饱含着丰富而深厚的宝贵德育资源，几乎在伦理道德的各个方面能够给我们提高营养。同时，作为历史上进步的价值体系，它已经成为全民族共同认可、共同接受的基本人生道德准则。利用它对广大青少年学生进行思想道德教育，可以赢得我们整个民族群体心理的呼应和广泛的社会支持。比如"己所不欲，勿施于人"的"仁爱"思想，就是一条为人处世的金律。陶行知极力推崇这种"推己及人的恕道"，并将其视为做好"人中人"的道理之一，要求人们在发展自己、完善自己的同时，也要关心他人、帮助他人、服务人民、造福社会。应该说这样一种有理、有利、有节的教育，更能引起人们的共鸣，效果更佳。利用中华民族传统美德给我们提供的丰富的教育资源，对学生进行道德教育，具有很强的针对性和实效性。这一点已经在儒学文化圈中的一些国家和地区得到验证。例如，在华人占大多数的新加坡，从中学开始，便开设《儒家伦理》课，把"忠、孝、仁、爱、礼、义、廉、耻"这八种儒家伦理精华进行改造后向青少年灌输，进而在全社会建立起共同的价值观，树立起一个"敬业乐群、勤劳进取、廉洁奉公、讲求效率"的新加坡精神。我国学校德育应该借鉴新加坡的成功经验，积极吸取祖国优秀道德传统文化营养，让中华传统美德在学校德育中发挥积极作用。

## 第五节 生活德育是提倡科技教育与科技道德教育的需要

陶行知十分重视科技教育，是我国科教兴国战略与科普教育的先驱者，科技道德的倡导者。他的科技道德教育思想是其整个生活德育理论的重要组成部分，也是他的生活德育理论中具有现代性特色的重要表现。在20世纪中叶以前，像陶行知这样身体力行、全方位地提倡科技教育与科技道德教育的教育家，是极为罕见的。他提出的许多思想，直到今天仍有生命活力。

陶行知把向全民族普及科学知识视为重大的时代责任、社会责任，明确指出："现在的世界是一个科学的世界。整个中国必须受科学的洗礼，方能适于生存。"就是说，科学不应该只是供少数人垄断、享受以显示其高贵的工具，而必须成为整个中华民族、全体中国人都掌握的本领。他说："我们要使做工种田的人，拾垃圾的孩子，烧饭的老太婆也要能享受近代科学知识，要把科学变得和日光空气一样普遍，人人都能享受，这就需要一个科学下嫁运动。""科学下嫁运动"就是科学普及运动的通俗表述。本着这个精神，他认为，学校智育的主要内容就是科技教育。"晓庄教育的实施，第一点是侧重于自然的训练，亦可以说就是自然的科学"。为此，陶行知在学校中亲自组织编写科技教材，带领学生做科学实验，成立科学研究社团。在他开列出的70种教学用书系统中，科技类也占了大部分，多达46种，其中，进行健康教育的10种书，有6种是防备霍乱、伤寒、天花、感冒、肺痨、梅毒用的；进行劳动教育的10种书都是供学习种菜、种麦、种树、养蚕、养鸡、养鱼等用的;进行科学技术教育的 30 种书,包括了传统技术与近代技术的许多种类,如制造抽气机筒与气压表、用空气压力钻钢、用太阳光烧饭与杀菌、用水推磨与发电、用泥造瓷器、用显微镜看细菌、用望远镜看天象等等。为使"中国的孩子都成科学的孩子",他不仅要求教师也学习科学,说"不懂科学的人,不久便不能做教师了",而且要求家长关心、支持、鼓励孩子学习科学,"希望中国的父亲,都学做富兰克林的父亲;中国的母亲,都学做爱迪生的母亲"。总之,"要想完成整个民族之普遍科学训练,必得由全国的教师、家长、儿童、青年、民众一起起来,把自己造成一个个手脑双全的科学工人,前途才能放出光明。"

陶行知的科普思想及其实践对提高我国公众的科学水平起了促进作用。

他的无私帮助,使 19 世纪 30 年代处于失业、贫病中的高士其得以摆脱困境,走上科普道路。经他推荐,高士其不仅能在自然科学园致力于科普研究,而且他写成的四本科普著作,也因陶行知的支持而得以公开出版。高士其一生写了数百万字的科普作品,引导广大青少年走向科学道路,成为我国科普事业的奠基者,在国内外享有崇高的声誉。为此,国际小行星命名委员会将我国紫金山天文台发现的、编号为 3704 号行星,正式命名为"高士其星",我国则设立了"高士其科普奖"作为中国科普界的最高荣誉奖,以鼓励中小学生的科学发明与创新精神。高士其成功的原因固然是多方面的,但他之从事科普且初战告捷,陶行知的引导与关心功不可没。

陶行知虽然极其重视科技的作用,但不是唯科学主义或科学决定论者、技术万能论者。他看到科技社会功能的正负、善恶两重性,主张用伦理引导科技,扬其善而抑其恶。他已认识到科技是生产力,科技的进步意味着生产效率的提高,物质财富的增多,指出:"美国没有机器之前,耕种收获十五斛麦子,要费两小时半的人工,现在有了机器,只要七分钟工夫。这就是说,美国现代农人比从前的能力大了十七倍。"工业亦如此。惠特尼发明轧棉机后,"一个人轧五磅棉花的时间,便一跃而能轧一千磅,效力比前大二百倍";卡弟来特、克朗普顿等"发明改良织布机,一人之力能做数百人之事"。陶行知说:"资本主义国家的教育,只是做了创造富翁的工具,以致贫富阶级因教育而愈隔愈远。我们只要创造富的社会。社会既富,则在社会里的个人自然而然的富了。"他还说:"大家都说中国穷得可怜。救穷之唯一方法是要造富的社会,不造富的个人。美国用爱迪生造了许多大富豪,我们却要用未来的爱迪生来造四万万人的富国和二十万万人的富世界。"陶行知在半个多世纪前所说的资本主义国家中贫富阶级悬殊的情况,在今天的西方社会中依然严重存在。我国的贫富差别也正在扩大。这对于全面建设小康社会,着眼于共同富裕的当代中国人来说,确实是应该注意的,需要采取恰当措施予以防范的。陶行知当年提出的用科技来建设共同富裕的世界和中国的道德价值目标,不失为远见卓识，有重要的指导意义。

与科学之养生、护生的价值导向相联系，陶行知主张对学生进行爱生惜命、培养仁者胸怀的教育。他指出，"晓庄的出发点是为爱心"。这爱的教育体现生物课教育中，就是让学生去"观察活的生物"之自然活动，而不限于死的标本。因为"把活的东西弄死，太嫌残忍，增长儿童残酷的心理，这是不行的。……我们教小孩子能仁慈，知道爱惜生物，这点是很紧要。达尔文研究生物学，他也不轻易杀害生物。中国老年人多爱惜生物，放生戒杀，虽近迷信，也是仁者胸怀"。陶行知这种防止儿童萌生残忍之心的教育，不仅具有历史的意义，而且在生态环境遭到严重破坏，生物多样性日益减少，大批珍贵动植物濒于灭绝的今天，对于增强人们的环境意识，维护生态平衡，也有其现实的价值。

为了激励师生与广大青少年献身科学，追求真理，造福人类，陶行知还选择了近现代科技史上不少德艺双馨的科学家，如伽利略、巴斯德、富兰克林、法拉第、爱迪生等，作为他们效法的道德榜样。他称法拉第为"电化世纪之开山祖师"，他的发明创造使"这世界的颜色乃为之一变"；说爱迪生是"人生为一大事来，做一大事去"的人格典范，当"我们点着电灯，坐着电车，看着电戏，听着留声机的时候，就得纪念这位老人家对于人类的贡献"。陶行知告诫道，学习这些榜样人物不能停留在读他们的传记与发明报告上，而要实践，"动手去做，用脑去想"，天天这样，一年到头，一世到老都这样；还要坚忍不拔，勇于面对困难，敢于战胜失败，这样可能才有大的贡献。爱迪生为发明最有效的电灯丝，曾用矿物做了1600次的试验，检查过的植物达6000种；而在发明镍铁蓄电池时，则做了5万次试验才成功，就是最好的说明。这些人物与事例，对于我们在科研过程中防止与克服浅尝辄止、虚浮聒噪、急功近利、华而不实的不良学风，也是有裨益的。

陶行知的科技道德教育思想远不止这些。进一步系统地加以发掘与吸纳，对于建立与完善具有中国特色的科技伦理思想体系，是有重要意义的。

一切准确、深刻反映客观规律的思想、理论都具有长久的价值。陶行知的生活德育理论，立足我国国情，前接传统美德，后望时代要求，深刻揭示了中国当时的社会道德教育的客观规律，该德育理论历经岁月的长期洗涤，至今还具有勃勃生机的活力，对今天学校德育还具有直接的借鉴意义。

但是，由于社会毕竟已发生了巨大变化，我们面临的社会条件以及德育背景和陶行知所面对的情况已有很大不同。陶行知针对当时具体情况为解决当时问题而提出的某些理论和方法已不一定都适应当代德育实践。陶行知曾说过，先辈留下来的宝贵遗产我们必须用选择的态度来接受。今天我们学习和借鉴陶行知生活德育理论，主要是学习和借鉴陶行知从提高民族整体素质和关系国家兴衰的高度来思考德育问题的立场；学习和借鉴陶行知的批判精神，吸收古今中外各种优秀道德传统和善于总结德育实践经验的方法；学习和借鉴陶行知以哲人的睿智准确揭示的社会道德发展的规律，提出的生活德育基本理论。学习和借鉴陶行知生活德育理论，必须联系我国德育改革和发展的实际问题，进行深入的理论思考，发展全新的德育实践。离开了当前的道德教育实践，学习和借鉴陶行知的生活德育理论就没有任何意义，孤立地、静止地学习陶行知，本身就违背了陶行知的教导。我们要把陶行知生活德育理论中那些对当前德育工作有重大意义的思想资源凸现出来，并在此基础上创造性地运用和发展。正如他自己所说的，创我者生，仿我者死。学习陶行知德育理论必须建立在继承、发展和创新的基础上。在新的历史时期，学习陶行知，继承陶行知，发展陶行知，超越陶行知，是历史赋予广大德育工作者的神圣使命。

# 第五章 生活德育与生活教育的关系

## 第一节 生活德育是生活教育的灵魂

生活教育理论是陶行知教育思想的主体。生活教育理论是以生活实践为中心，以道德教育为主体，以创造精神为动力，以启发人的觉悟、培养具有生活力的"真人"为目标的全面教育学说。生活教育的本质是"教人化人"，生活教育的根本目的是育德，生活教育的灵魂和核心是生活德育。因此陶行知的生活德育思想是其生活教育理论不可缺少的重要组成部分。生活德育规定和影响着教育的性质及其发展方向。

### 一、生活德育是生活教育的精华部分

在教育过程中，德育和其他教育组成部分处于同等重要的地位。德育能使受教育者形成一定的思想、政治、法纪和道德素质，这些方面的优良品德，不论是对受教育者其他多种素质的健康发展，还是对于他们走上社会从事各种活动，都起着定向、驱动和监督作用。人们曾形象地比喻说，品德对人总是起着"灵魂""统帅""发动机"作用。陶行知一贯重视全面教育。他认为教育就是要使"道德、学术、才识"都得到"适当之培养"。在这其中，"人格之要素""充实之精神"最为重要。

（一）生活德育体现生活教育的根本任务和培养目标

全面教育，即教育要培养德智体全面发展的学生，是生活教育理论的基本观点之一，体现了生活教育的培养目标，同时也是生活德育的出发点和最终目标。陶行知说："全面教育，心、脑、手并用；学政治、学经济、学文化相结合；健康、科学、劳动、艺术及民主将构成和谐的生活。"他又说："千教万教，教人求真；千学万学，学做真人。"陶行知这种全面教育的思想，就是要培养心、手、脑并用，既能"征服自然，改造社会"，又能为大众服务的具有生活力和创造力的全面发展的人才。

生活教育理论实际上是全面教育理论，这是一种新型的进步的教育理论，也是一种社会和

人的发展学说。陶行知始终站在劳动人民切身利益基础上判断是非，从人的全面健康发展角度来确定教育的目标。陶行知的生活教育理论就蕴含着生活德育的全部内容，即对学生进行关于"联合起来，创造新天下"的社会政治观教育，进行"立大志、求大智、做大事"的人生观教育，进行"抱着真理为民族、人类服务"的道德观教育，从而使学生成为一个"整个的人"，也就是"追求真理做真人"，这是包含了生活德育在内的生活教育的根本任务和培养目标。生活德育是生活教育中应有之义，生活德育蕴含着丰富的内涵，体现着生活教育的属性。

（二）生活德育展示了生活教育的本质属性

陶行知从来不主张为教育而教育，总是把教育与一定时期国家、人民的奋斗目标结合起来。他认为，生活教育的根本目标就是培养全面发展的"真人"，使教育成为"民族解放、大众解放、人类解放的武器"。生活教育理论既是一种教育学说，更是一种社会发展学说，它是以启发人的觉悟，培养"生活能力"为基本手段，以实现人民的解放、民族的解放、人类的解放以及社会的进步为目标的思想体系。陶行知发表的《生活教育之特质》一文讲了生活教育的六个特点。这六个方面的特点实际上高度概括了生活德育的本质属性，尤其是生活的、行动的、前进的几个特点与德育联系更为紧密。

所谓"生活的"，是指德育与生活一致性，"生活与教育是一个东西，不是两个东西"。陶行知很早就指出："生活主义包含万状，凡人生一切所需皆属之。其范围之广，实与教育等"，到处是生活，即到处是教育，"整个的社会活动，就是我们的教育范围"。教育与生活相对应，生活的教育，生活在教育，生活要教育，教育不能缺少生活，这是生活与德育一致的第一层含义。生活决定教育，过什么样的生活，就是受什么样的教育，这是生活与德育一致性的第二层含义。陶行知说，是生活就是教育，不是生活就不是教育，"好生活就是好教育，坏生活就是坏教育，前进的生活就是前进的教育，倒退的生活就是倒退的教育"。"过的是少爷的生活，虽天天读劳动的书籍，不算是受着劳动的教育；过的是迷信生活，虽天天听科学演讲，不算是受着科学的教育；过的是随地吐痰的生活，虽天天写卫生的笔记，不算是受着卫生的教育；过的是开倒车的生活，虽天天讲革命的行动，不算是受着革命的教育。我们想受什么教育，便须过什么生活。"教育改造生活，教育对生活有能动作用，这是生活与德育一致性的第三层含义。陶行知说，教育的根本意义是生活之变化，而且要使生活向着好的方向发展，"我们应以前进的生活提高落后的生活，以合理的生活提高不合理的生活，以有计划的生活克服无秩序的生活"。他因而认为，好的教育可以"造国""兴国"，坏的教育也可促国之亡。"拿全部生活做教育的对象"，使德育与广阔的社会生活联系起来，不仅可以获得充实的内容，而且使德育对生活能发挥伟大的促进作用。

所谓"行动"，就是德育要立足于实践。生活德育的实践性表现在许多方面，生活德育的主体论"生活即教育"就贯彻实践第一的原则。德育的内容、思想方法、设施都要随着生活实践的变化而变化，并为之服务。德育要根据社会生活和实践需要来规划、部署、发展。实践、行动，始终在教育中取得主导地位。生活德育的方法论"教学做合一"，更是具有实践特色的理论。它强调以"做"为中心。"做"即实践，它把实践放在德育的中心位置、主导地位。陶行知指出对学生进行道德教育，首先要启发学生的觉悟性，培养自动精神。陶行知提出"在劳力上劳心符合人的思想道德发展的规律生活德育的认识论，也体现了实践的观点。陶行知提出："我们要在行动中追求真知识"，概括地说，就是"行动——思想——创造"。陶行知曾形象地概括了这一知行统一观："行动是老子，思想是儿子，创造是孙子"。这样就是将生活德育理论建立在实践第一的辩证唯物主义的哲学基础之上。

所谓"前进"的，就是德育是对生活的改造，生活德育不仅以生活为坚实依据，在生活中展开德育，同时还要回到生活，使人们过上更善更美的生活。德育从生活中出发，在生活中进行，并不意味着德育就是等同于生活，也不是无条件地去迎合生活，而是要在生活过程中引导生活。陶行知说："同在一个社会里，有的人是过着前进的生活，有的人过着落后的生活。我们要用前进的生活来引导落后的生活，要大家一起来过前进的生活，受前进的教育。"这就是说德育是对生活的改造，要改造落后的生活和落后的个人，要用教育的力量提高全民族的素质，以促进社会的发展。

德育引导生活，回到生活，这是德育的最终目标。德育不仅要适应生活，而且要促进生活发展。陶行知明确地说："社会是动的，教育亦要动。"还强调说："我们要有动的道德，动的思想，动的法律，动的教育，动的人生观。"什么叫动的教育呢？促进生活前进的教育就是动的教育，促进人们进步的教育就是动的教育。陶行知认为，只有这种动的教育才能体现教育的本质，所谓"教育的根本意义是生活之变化，生活无时不变，即生活无时不含有教育的意义。"他要求教育者不要教人去适应"死"的社会生活，而应教人适应"活"的社会生活，更重要的是应当教人去创造明天，去促进发展，当然，教育就负有引导人的前进的功能。生活德育是生活的、行动的、前进的，这是陶行知对学校德育本质特征的概括。

（三）生活德育体现人的辩证发展的价值取向

陶行知为寻求中国教育改革的曙光，上下求索，特别是他一直追随中国共产党，较好地接受了历史唯物主义的观点，使他在考虑教育问题，尤其是德育问题时，能够自觉地抛弃西方个人本位的思想影响，坚持人的社会化发展与个性发展的辩证统一观，在道德教育的出发点问题上发挥了继往开来的作用。

以社会为本位还是以个人为本位，是两种根本不同的德育价值观。在资本主义私有制条件下，片面突出人的个性，并使其成为他人、社会的对立物，形成了以个人为本位的德育价值观。从根本上讲，对德育两种价值的认识，是对个人和社会关系的认识在德育价值取向上的反映。陶行知从唯物辩证观出发，既重视人的社会化，又重视人的个性化。他在早期发表的《共和精义》一文中就曾明确指出："个人为社会而生，社会为个人而立"，"社会、个人是相辅相成，不是各自生存的"。由此，他主张使"个人有充分的发展"，但这样发展应当以不破坏"社会全体之安全"为起码的原则；反之，社会也应具有支配个人的权力，不过这种权力，应当以"不致侵害个人生存"为目的。正是建立在对个人与社会辩证统一的理念基础上，他论述教育时能合乎逻辑地阐明"教育能造文化，则能造人；能造人，则能造国"，体现了他辩证的德育价值观。

陶行知对德育价值的认识，不仅是生活教育发展的指导性思想，也是其生活德育的基本问题，体现着共同的价值取向。陶行知说："教育之功能，就其大者而言，为立国之大本；就其小者而言，亦为如何导引国民精神生活与实际生活臻于健全与畅遂之关键。"具体说，生活德育就是要"引导学生于一举一动前能下最明白的判断"，以分辨"善恶、是非、曲直、公私、义利"，然后去改造环境，把"坏的环境变好，好的环境变得更好"。陶行知这一见解，今天读起来仍然值得人们深思。

## 二、道德是建筑人格长城的基础

陶行知一贯把道德看成人生的重要课题，将道德品行看作人生安身立命的根据。他在《为考试事敬告全国学子》一文中写道："德也者，所以使吾人身体揆于中道，知识不致偏倚者也。身体揆于正道，而后乃能行其学识，以造人我之幸福；学识不致偏倚，而后乃能指挥身体，以负天降之大任。道德不立，智勇乃乖。""世顾有无德而能善其终者乎？吾辈学子可以深长思矣。"这是他于20世纪20年代在金陵大学肄业时对学生考试作弊进行的分析和批判，通过考试道德证明人生道德的重要性。道德作为一种人生的本体的价值，对人生全面发展具有决定的价值意义。陶行知在《每天四问》一文中说："道德是做人的根本。根本一坏，纵然使你有一些学问和本领，也无甚用处。并且，没有道德的人，学问和本领愈大，就能为非作恶愈大。所以我在不久以前，就提出'人格防'来，要我们大家'建筑人格长城'。建筑人格长城的基础，就是道德。"

学校德育在培养学生道德品质方面具有重要的作用。他在《我之学校观》一文中，开宗明义地指出："学校的势力不小。他能教坏的变好，也能教好的变坏。他能叫人做龙，也能叫人做蛇。"陶行知一贯强调学校对学生要进行人格教育。他在创办重庆社会大学时，把人格教育、知识教育、组织教育和技术教育四项定为教育方针，而人格教育是其重点。

学校德育要密切结合社会生活对学生的道德要求进行。他特别重视对学生进行价值观、信仰观教育，逐步养成良好的道德行为习惯。

陶行知首先关注的是培养学生具有正确价值观念，并告诫青年人，没有正确的人生观，曾使多少人在人生道路上蹉跎岁月，空误一生。他认为一个人就人生而言，要"为一大事来，做一大事去"。那么什么是大事呢？他说改造社会就是人生的大事，他多次提到要培养学生具有"改造社会的精神"。与此同时，他指出，改造社会仅有"改造社会的精神"是不够的，还必须具有"改造社会的能力"。为了培养学生具有这种精神和能力，陶行知主张"改造社会环境要从改造学校环境做起"。他认为，如果"师生不能共同改造学校环境而侈谈社会改造，未免自欺欺人"。育才学校在创造集体生活中培养人才的做法，正是这一思想的体现。

陶行知强调德育必须使学生树立正确的信仰。他认为，一个真正的人必须有思想，有精神，这种精神"不用钱买，不靠钱振作，也不能以没有钱推诿"。人的思想和精神最高体现就是"信仰"。他说："'信仰'是真实的觉悟"，只有形成正确信仰的人，才可能创造生命的价值，正是在这个意义上，信仰"也是生命力之源泉"，"如同山间明月，江上清风一样，是取之无尽，用之无穷"。陶行知本人就是一个有着正确信仰的人，他认真读过《共产党宣言》《资本论》等，对马克思主义理论能全面理解和接受。

良好行为习惯的养成，是德育又一重要内容，陶行知对此予以了足够的重视。他强调生活与德育的密切关系，反映在德育上便是道德训练与学生日常行为的密切结合。陶行知的德育思想具有"人生实践之学"的特点，他认为高尚的品德来自学生的实际生活，道德教育必须与实际生活相结合。这与传统道德教育的"知行合一""身体力行"的原则是一脉相承的。他还提出了在创造集体的生活中进行集体生活教育的主张。陶行知还认为良好品德行为不能仅仅依靠"习惯"来维持，在正确思想指导下的意志锻炼，是必不可少的教育。他曾经提倡过"预备钢头碰铁钉"的精神。教育青年人应当有百折不回的毅力，即"凡事不干则已，既干了，就要有百折不回的毅力，向前去干！并且要任劳任怨，始终负责，则将来一定可以达到目的，有圆满结果"。他经常以身作则，努力奋斗，以此去激励和影响学生。他在育才学校经费极其困难的情况下，曾经以"新武训"自勉，并说他自己是"背着爱人游泳"，以苦为乐，无怨无悔，并告诉学生应以到西方取经的精神对待人生道路上的九九八十一难，树立奋斗的人生观。他提醒青年学子，奋斗的人生观有别于个人奋斗，它是建立在追求真理基础之上的。"追求真理做真人"就不能向"虚伪的社会学习或妥协"。

从根本意义上说，道德是人们探索、认识、肯定和发展自己的一种积极的手段。"教人做人"是道德的本质，是德育的根本任务，是教师的神圣使命，也是每个学生追求的终极目标。"教师的成功是创造出值得自己崇拜的人"，每个人要"光明，磊落，在人中做一个人"。"教人做人"是陶行知规定的教育目标，也是实施生活德育的根本指导思想。

"教人做人"就是要培养人正确地对待自我、他人、社会和自然，形成人文精神，其核心是要树立进步合理的人生观和价值观。综合陶行知"教人做人"的思想，他在教人树立进步合理的人生观、价值观方面有很多真理性的认识。一是"自我向社会化道路发展"，做"人中人"。陶行知十分重视人的社会化问题。他说，如果一个人不能实现社会化，这是"一个悲剧"。他所说的人的社会化，既包括人应具备社会发展需要的本领，还包括人要适应社会发展需要的品德，当然不允许培养出来的学生是与社会格格不入的个人主义者。陶行知不仅强调儿童的社会化，还十分重视发展儿童的个性，提出"儿童之自我向社会化道路发展"的主张，将社会化与个性相统一，而不是对立起来。他认为，这必须引导学生正确认识个人在社会上的地位，树立正确的价值观念。他主张培养"人中人"，即使儿童中的"人才幼苗"也不例外。对学生进行正确认识自我与社会、集体之间的关系的教育，是十分宝贵的经验，这才是真正的不同于"天才教育"的"人才教育"。二是，个人完满发展要坚持"智、仁、勇"三达德。如前所述，陶行知在创办育才学校时明确提出："育才办的是智、仁、勇合一的教育，智、仁、勇三者是中国重要的精神遗产，过去它被认为'天下之达德'；今天依然不失为个人完满发展之重要的指标。""育才学校不仅是以智、仁、勇为其局部训练之目标，而是通过全部生活与课程以达到智、仁、勇之鹄的。"陶行知将智、仁、勇作为教育的"鹄的"，可谓对其重视，值得我们研究。首先陶行知把智、仁、勇作为道德修养的重要内容。陶行知认为这"三达德"是造就完美人格的重要指标，也是道德的知、情、意、行四方面修养。其次，陶行知认为，智仁勇不是"局部训练之目标"，而是发展人的素养的总体要求。因此，智仁勇不仅对学生个体道德发展有重要价值意义，而且利于发挥教育为大众服务的作用。三是，要"明公私之别"，有"集体精神"的价值观。在道德教育上，陶行知一贯重视培养学生坚持道德原则，具有明辨公私的观念和集体精神。陶行知在《尊重公有财产》一文中说："我们每个人有两种资格：一是私人；二是公共团体的一分子。我们应当把这两种资格所包含的任务分得清清楚楚。……我国人应当痛改的一个习惯就是公私混杂。……私账混入公账，公账混入私账，就是混账"。"苟非吾之所有虽一毫而莫取，做公民的不可无此精神。……要晓得一个人爱国不爱国，只须看他对于公有财产之态度，只须看他对于公有财产有没有不愿取之精神。""义利之辨"是我国传统德育的重要内容。义和利的含义主要是"公"和"私"的关系。古人认为能否处理好公私关系，是区别君子和小人的标准。陶行知一方面继承了我国古代德育的传统，又把"义利之辨"发展为评价爱集体与不爱集体、爱国与不爱国的标准。

### 三、不能改造人的内心，便不是彻骨地改造社会

陶行知从国外留学归来投入改造社会的运动之后，对于发挥教育改造人心的作用，更为重视。他说："办学和改造社会是一件事，不是两件事。改造社会而不从办学入手，便不能改造人的内心；不能改造人的内心，便不能彻骨地改造社会。……在教师的手里操着幼年人的命运，便操着民族和人类的命运。"

（一）"修德养力养成完善之国民"

陶行知非常重视人的社会责任感的培养。他在《共和精神》一文中指出："个人之有价值，以其对于社会有天职之当尽耳"，全体国民，"群策群力，群运群智，群负群责，以求群之进化福利人的社会责任感也不是凭空产生的，而是经过长期的道德修炼而成。正如陶行知所说："人民身负重担，自不得不修德养力以为之备"，"各人因担负此责之故，渐知成德以福人群。奉天命为归宿，而不敢止于独善"。

什么是教育的力量呢？陶行知认为就是"能够达到个个民众的内心里头去的"，"使民众自己从'心里'发出一种力量来自己团结的。"也就是说，教育就是要培养民众的凝聚的力量，爱国的团结精神。比如，他培养师范生要有"改造社会的精神"，去为国家人民谋利益。工学团的宗旨之一是"团以保生"，团结起来保卫国家民族的生存。国难教育实施"六大培养"，其中有"培养普遍的军事能力"，以随时为抵御侵略、保卫祖国而战。育才学校学生虽小，但陶行知仍要求他们"做反抗侵略的小战士"。这一切证明陶行知在办学的目标上始终突出爱国主义的教育，让青少年成为爱祖国、愿为祖国的独立解放而献身的人。

"亲民""爱民"是陶行知社会改造思想的重要内容。他要学生牢记"人民是我们的亲人，我们是人民的亲人，是必须亲近，打成一片，并肩作战"。陶行知亲民爱民思想，还充分表现在他写的《民之所好》一首诗中："民之所好好之，民主所恶恶之。教人民进步者，拜人民为老师"。为人民服务者，亲民庶几无疵。为人民奋斗者，血写人民史诗。陶行知的亲民爱民思想，就是要我们树立"人民第一"的观点，"立大志，求大智"，"为人民做大事"。早在20世纪20年代他就提出学校培养的人才，不能像避世的隐士、出世的僧尼、不知世事的书呆子一样脱离实际，而是"要学生认识人民，人民认识学生"，"要到民间去的学生，不要到天上去的学生"。要做到"衣带渐宽终不悔，为伊消得人憔悴"，就是说"看清了人民的隐痛之后，要时时刻刻纪念他，就是为他牺牲了一切，终不懊悔"！陶行知认为亲民爱民还要向老百姓学习，"我们最伟大的老师是老百姓，我们最要紧的是跟老百姓学习。我们要叫老百姓教导我们

如何为他们服务"。"学习人民的语言，人民的情感，人民的美德。"陶行知还提出教育的三部曲："第一部是跟老百姓学习；第二部教老百姓共同进步；第三部引导老百姓共同创造。"此可谓一幅至善至美的社会改造教育图。我们知道，人民大众是社会改造的主体，对待人民的态度体现一个人的根本的立场观点。只有相信大众，尊重大众，依靠大众，才能真正推动社会改造工作。陶行知把向老百姓学习作为教育的重要任务是极为有意义的。

（二）打破贫而乐的人生观，创造富的生活

用教育去造福人民是陶行知的教育目的论。陶行知认为，"人民贫，非教育莫与富之"，就教育的社会功能来看，教育不仅是为农民争有识字、阅读和写作的权力，也是为了培养农民从事政治和经济工作的能力。他一针见血地指出旧教育是教人分利不生利，教农夫子弟变成书呆子。他明确指出："我们要知道等到富力成为民的富力，政治力成为民的政治力，然后生活才算是民的生活，教育才算是民的教育。"陶行知认为，教育的使命"一是教民造富；二是教民均富；三是教民用富；四是教民知富；五是教民拿民权以遂民生而保民族"。一句话，"在止于人民之幸福"。

教育产生于一定的经济基础，反映了一定社会经济基础之上的利益关系存在。物质利益的追求和获取无疑是教育价值产生的基础。陶行知把创造民众富的生活作为教育的目的，不仅可以实现教育的价值目标，而且体现热爱民众的博大胸怀。所以陶行知说："我们要教人民造富的社会和造富的个人。"他尤其关心中国社会中被压迫最深、生活最贫苦的农民，他说："我们心里要充满那农民的甘苦，我们要常常念着农民的痛苦，常常念着他们所想到的幸福"。"要把我们整个的心献给我们三万万四千万的农民。我们要向着农民'烧心香'"。要创造富的生活，陶行知认为必须打破"贫而乐""不劳而获""劳而不获"的人生观，"重订人生价值标准"，做精神文明的创造者。生活德育的重要功能和任务，应是以进步的思想去教育和改造落后的思想。"贫而乐""不劳而获"和"劳而不获"这三种人生观是"造富的心理上最大障碍"。人生观问题的破与立是生活德育的核心问题。"贫而乐""不劳而获"和"劳而不获"的人生观，实际上是中华民族传统思想文化中的糟粕。陶行知深刻地看出了影响"创造富的社会"的最大的、最重要的障碍，并提出树立进步的人生观具有深远意义的。"贫而乐"，就是"安贫乐道"，它不仅促使人们安于现状，而且忍受剥削和压迫，是一种不利于激发人们奋发图强的、勇于竞争的惰力，必须以道德的力量纠正之，使之矢志以摆脱贫困为动力，竞进不已，努力走上共同富裕之路。"劳而不获"是把自己的享受建立在剥削别人辛勤劳动的果实基础上，是剥削阶级的思想，必须予以革除。"劳而不获"，陶行知讲的不是"专门利人""无私奉献"的高尚的人生观，而是指甘作奴隶的人生观，它是在中国长期的奴隶社会、封建社会中产生的一种麻木的、任人宰割的顺民的落后意识的集中反映，它丧失了自强、自立、自主的独立和奋斗精神。这三种人生观是奋发图强、不断进取的最大心理障碍，必须从道德教育着手加以解决。

陶行知认为，在"教人创造富的社会"过程中，在道德方面还有一个重要任务，就是要克服"信着多福、多寿、多男子"的旧思想影响。他尖锐地批评说："多生主义者的信徒，把中国人弄得田不够种，工不够做，饭不够吃，衣不够穿，求死不得，求生不能，这叫做种族之积极自杀。"人口多对中国贫困落后的影响是显而易见的，他在《胡适捉鬼》一文中列举了"多生主义"的弊端：一是多生所以田不够种，工不够做，使得饭不够吃，所以穷；二是穷而有病不能医，有子女不能教；三是大家多生，所以穷亲戚、穷朋友多，累得意志薄弱的人不得不贪；四是多生而求生不得所以为盗，为匪，称兵，构乱。陶行知认为这是一种恶性循环，要改变这种情况，必须"少生小孩子，可以打破过庶之害"，便可以"用智识去创造财富，用财富去求智识，使人民愈富愈智，愈智愈富"，变"过庶、过愚"恶性循环为"愈智、愈富"的良性循环。他说，中国人口降到一定限度，就可以"使得个个饱食暖衣，又能受最基本的教育"，再降到一定限度，才能"使有天才的分子不致为穷忙所埋没，得有余暇研究高深学问，以发现更有效之生产技术，而创造更富裕的社会"。他把这两条线叫作控制人口的"教育线"和"创造线"。怎样达到"教人少生小孩子"目的呢？陶行知认为关键还要"重订人生价值标准"。他说："假使我们顺利地把人口退到教育线与创造线，如果我们不变更人生观，还是无济于事。"由此可见，教育人"少生孩子，优生孩子"不仅仅是一个经济问题，还是一个道德问题。

值得注意的是，陶行知把"少生小孩子"与民族在政治经济上的平等互助精神联系起来。他认为教人少生孩子，"少数人可以发起，但是要他发生力量必得全民族起来互助"。怎样做到互助，一是"必须有大平等的地位"，人与人之间平等才称得上互助；二是"要靠政治的力量，政治立在民众的基础上，才能发生伟大的力量"。陶行知称"教人建设平等互助的世界，是我们第三条出路"。陶行知这一思想是非常深刻的。我们应从社会生产发展、教育发展、国家民族兴衰的角度去认识少生孩子、优生孩子的问题，从政治的发展和道德的角度去实现这一目标。毫无疑问，这也是生活德育的内容及其作用的体现。

## 第二节 遵循教育规律，优化生活德育过程

生活德育过程是教育者在社会生活实践中根据受教育者思想品德形成的规律，对受教育者施加有目的、有计划、有组织的影响，并通过受教育者的积极作用成为"完满的人格"的"真人"的过程。生活德育过程是一个教与学的互动过程，是受教育者在教育者的引导、熏陶和感

染之下，自觉学习真理做真人的过程。生活德育是在社会性活动与交往中进行的。人的社会性活动和交往是一个感性的、生动的、丰富的生活世界，它能够满足人的理智、情感、意志等多方面发展的基本需要。社会性活动和交往是人的道德的调节场和德行的践履地。德育只有体现在社会性生活中才有意义，因为现实的伦理道德只存在于人的社会性活动和交往之中。

从生活出发的德育，是以人的生活经验作为德育的起点，从生活中汲取道德的养料，在生活中开展德育活动，并回到生活，以生活作为德育的落脚点。从生活德育过程的内涵来看，生活德育是活的教育，是活的教师按照学生的心理进行教育，培养"新而活的学生"的活动。

## 一、生活德育是活的教育

### （一）活的教育及其实质

陶行知在1921年作了《活的教育》的演讲。他认为，"活的教育"相对于"死的教育"和"不死不活的教育"，"好像在春光之下，受了滋养料似的，也就能 -- 天进步似一天。换言之，就是一天新似一天"。

陶行知"活的教育"的论断深刻揭示了德育的本质，赋予了德育新的功能和内容。他在文章中专门论述了德育和生活的密切关系，密切到德育社会化和社会德育化程度，但他又不愿用"化"这个字，便赋予了德育"活"的特征。他说："我希望讲活的教育，也要把这活的精神当作活的教育里一件材料。这就是我讲的 Education for life。"在这里，陶行知赋予了德育过程"活"的特征，也就是通过介入生活、改造生活来实现德育目标。按照陶行知的话就是："以前进的生活提高落后的生活，以合理的生活提高不合理的生活，以有计划的生活，克服无秩序的生活。"从而实现"使暂时的生活，能够叫他永久；片面的生活，要使他能完全；低微的生活，要使他高尚"。

陶行知认为"活的教育"实际上是在人际交往和社会性活动中进行的教育。他说：人的"精神可以一代一代的向下传，可以传许多人，不只传一人。一个活泼学生的精神，可以传应到许多学生"，"活的精神，就是能使人感受了他，可以得到许多的教训"。他还认为，生活与生活"摩擦起来便发出生活的火花，即教育的火花，发出生活的变化，即教育的变化"，"教人真正的向前走"。从而"使人天天改造，天天进步，天天往好的路上走"，使得个个人的生活力更加润泽，丰富，强健。人的生活有各种生活，作为引导人"活的精神生活"的德育，毫无疑问，它是活的教育。

"养成新而且活的学生"，是陶行知生活德育思想的重要组成部分。

"新"是针对因袭、陈旧而言的。他说，教育无论在制度上、内容上、方法上不应常靠着稗贩和因袭，而应该准照那国家的需要和精神，去谋适合，谋创造。教育就是让学生"创造理想的人生"，"创造真善美的活人"，人生志在创造，创造充实人生。陶行知还认为，要创造，就要与时俱进，做现代人，"取得现代的知识，学会现代的技能，感觉现代的问题，并以现代的方法发挥我们的力量。时代是继续不断地前进，我们必得参加在现代生活里面，与时代俱进，才能做一个长久的现代人"。

陶行知对培养"新而且活的学生"提出了"追求真理做真人"的品德素质、自动和自觉精神、金刚的信念和意志、坚实的生活力和创造力的具体的素质要求："追求真理做真人"是"新而且活的学生"的根本品德素质，在个人道德修养方面要做到"力求进步"，"勇于为公"，"自助助人"，要"诚实无欺"，"谦和有礼"，并"自觉纪律"等要求。陶行知把"私德"和"公德"的要求融会于个人道德素质要求之中，这是陶行知在培养''新而且活的学生"过程中的创造性主张。

自动和自觉精神是"新而且活的学生"的重要素质之一。具体地说，这种精神就是指学生学习与做事的主体意识、自觉性或自动精神。陶行知认为真正的教育不是灌输教育，而是培养学生富有自动的"求知之行"的教育，培养学生能自觉地去追求真理，自由地去思考问题，自主地去参加活动，自动地去进行品德修养，并使其从幼年起就培养这种精神，使之成长为主动的、自觉的积极进取者。当时育才学校教育的方法，就是培养学生自动自觉地进行学习和活动的兴趣和能力。育才学校学生都有明确的学习目的和修养方向。陶行知常说："生活、工作、学习倘使都能自动，则教育之收效定能事半功倍。所以我们特别注重自动力之培养，使它贯彻于全部的生活工作学习之中。"他又说，自动不是自发的行动而是自觉的行动，有待于正确的培养。现代德育理论认为，个体的主体意识及其自觉性在德育中具有很大作用，是思想品德修养的保证因素。陶行知提倡培养学生自动、自觉精神对于提高品德修养的自觉性不仅是非常必要的，而且也是符合科学原理的。

陶行知在培养"新而且活的学生"时还重视学生养成"金刚"的信念和坚忍不拔的意志。他认为"绝望是懦夫的幻想"，"没有勇气，一切都完"，以其来鼓励学生养成坚强的意志和毅力。他说："生路是要勇气探出来，走出来，造出来的。这只是一半真理。当英雄无用武之地，他除了大无畏之斧，还得有智慧之剑，金刚之信念与意志，才能开出一条生路。"他经常教育学生要有坚韧不拔的毅力和坚持不懈的耐心，应"像屋檐水一样，一点一滴，滴穿阶沿石。点滴的创造固然不如整体的创造，但不要轻视点滴的创造而不为，呆望着大创造从天而降"。同时又指出，不敢坚持和拼搏的人的病根"是怕，怕难，怕苦，怕孤，怕死"，而改正的方法是"不怕辛苦，不怕疲倦，不怕障碍，不怕失败"，并需具有"百折不回"的决心和毅力。意志是在完成一种有目的的活动时所进行的选择、决定与执行的心理活动。心理学认为，意志这种非智力因素对德育关系很大。意志行动是与克服各种困难相联系的。意志的顽强性表现在培养道德品德的过程中充沛的精力与坚忍不拔的毅力。所谓毅力不仅表现为坚持的决心，而且更重要的是含有顽强奋斗的品质。

坚实的生活力和创造力的素质要求是指要重视培养学生具有坚实的全面的生活为基础之上的创造能力。陶行知在《育才卫生教育二十九事》《育才二十三常能》以及《育才三方针》《育才十字诀》等文章和规定中对培养学生的生活力和创造力提出了一系列的要求。其中除了要求学生在生活中受到教育养成良好的习惯之外，主要是通过学习和生活实践，培养学生有全面坚实的生活力，为培养创造力打下基础。在《育才二十三常能》中，有初级常能和高级常能之分。初级常能 16 种：会当书记、会说国语、会参加开会、会应付进退、会做小先生、会管账目、会管图书、会游泳、会烧饭菜、会洗补衣服、会唱歌等。高级常能 7 种：会开汽车、会打字、会速记、会接电、会担任翻译、会临时演讲、会领导工作等。这是一个关于生活力、创造力培养的教学纲领，又主要通过有关学习、生产、生活来实行，即由现在所讲的第二课堂或实践环节教育来完成。学生如果具备了以上生活常能，也就"学会了生活"，具有了坚实的生活能力。又由于这种生活能力是建立在实践即"做"的基础上的，所以在"做"的过程中就会产生新价值，创造新价值的可能性。陶行知还提出了与创造力有关的自学能力、观察能力、想象能力、工作能力等方面的培养，尤其是重视创造思维能力、探索与调查研究能力以及试验能力的培养。

（二）活的教育必须按照儿童的心理进行

陶行知认为，要进行活的教育首先要承认儿童是活的，"承认儿童是活的，要按照儿童的心理进行"。陶行知在许多场合都列举了种种压抑儿童正常心理、摧残儿童兴趣的例子。一是"轻视儿童之心理"。儿童有好奇心，喜欢动口询问，动手试试，可有的家长和教师都以厌烦而拒绝之。二是要求儿童非礼勿视，非礼勿动，弄得小孩无所适从，"弄到后来，非礼勿视会变成一个光棍的'勿视'，非礼勿动变成一个光棍的'勿动'。勿视与勿动只是大人的乱命。小孩勿视便是瞎孩子。小孩勿动便是死孩子"。三是"借外力来消灭革命的孩子"，大人用"糖果"来软化孩子或用"老虎""恶鬼"来威吓，"大人赐给小孩子的，是一个恐怖的世界"。陶行知说这种"恐怖的瘴气，是笼罩在每一个小孩子的头上，几乎是没有一个小孩子能跳出这个圈套"。四是对于儿童的错误态度造成儿童的痛苦。或是"忽视"，任其自生自灭；或是期望太切，难免揠苗助长，促其夭折。

要承认儿童是活的，必须按照儿童的心理进行，就要自觉抵御种种压抑儿童正常心理的做法，创造儿童的世界。在"儿童的世界里，只有真话没有谣言，只有理智没有恐怖，只有创业没有享福，只有公道没有残酷，只有用的书没有读的书，只有人——只有人中人，没有人上人，没有人下人，没有奴隶"。

要承认儿童是活的，就要相信儿童有创造。他指出："儿童的创造力是千千万万祖先，至少经过 50 万年与环境适应斗争所获得而传下来之才能之精华。"这是从遗传因素方面说的。创造力虽不完全是由教育创造的，但陶行知认为教育能启发、培养、解放儿童的创造力。他潜心研究这个问题，并以晓庄的儿童"自动学校"和"小先生"们的创造能力说明儿童身上蕴涵着创造力。陶行知强调："我们要真正承认小孩子有创造力，才可以不被成见所蒙蔽。小孩子多少都有其创造的能力。"

每一个学生都有一个丰富的世界，在每一个学生心灵深处都有一根独特的琴弦，拨动它就会发出一种独特的音响。"只要提供适当的条件，几乎所有的人都会学会一个人在世界上所需要学会的东西"，这是很多教育家表达过的共同观点。正因为如此，陶行知说："只要先生少骂几句坏蛋，社会、家庭、政府多给一些自由空气，少用一些齐一手段，阿尔，爱迪生，便如雨后春笋一发而不可遏了。"陶行知多次强调："小孩的本领是无可怀疑的，小孩子有不可思议的力量"，"不但有力量，而且有创造力"。

给学生充分的精神营养。陶行知认为小孩子不仅需要体力上的物质营养，而且心理上还需要精神营养。有了适当的营养就能提高思想的免疫力，否则精神健康就会被削弱，甚至夭折。20 世纪 30 年代，陶行知在《乡村教师》创刊宣言中讲了"面包"和"水仙花"的关系，人既要"面包"更要"水仙花"，因为"面包是身体的粮食，水仙花是灵魂的粮食"，表明教育要满足人们的精神生活需要——"水仙花"。

怎样给学生以充分的营养，陶行知认为：

一是要虚心求进，学而不厌。陶行知说："生活之发荣滋长须有吸收滋养料的容量"，"要想有美满的生活，必须和知识的泉源通根水管，使得新知识可以源源而来"。陶行知曾风趣地说，我们每个人都有两个肚子，一个肚子需要吃粮食、蔬菜、瓜果，这就是"点心"；还有一个肚子需要吃书、知识，这就是"点脑"，也就是精神食粮。我们不能变成一个"大肚小头的动物"。

陶行知认为，知识是践行道德的基础，没有知识就无以思想的长进。知识的学习不是一蹴而就，要不断地学。他说："今日新的事，到了明日未必新；明日新的事，到了后日又未必新。即如洗澡，一定要天天洗，才能天天干净，这就是日日新的道理。"所以每个人必须不断学习，活到老学到老。

陶行知认为知识的营养不仅来自书本，更重要的来自老百姓，来自集体生活。他称老百姓为"最伟大的老师"，"我们要跟老百姓学习，学习人民的语言，人民的情感，人民的美德"。

二是革除陋规恶习，开展各种有益活动。早在1913年，陶行知就明确指出："酒也，博也，鸦片也，皆道德家所谓罪恶也。"陶行知告诫人们说，那些坏习惯和恶势力，易把青少年教坏，试以赌博为例，茶馆一有赌博，小学生便潜去参观。学校一年教不好的孩子，赌场一天可以把他教坏。因此，"扫除那些毁坏教育工作之恶势力，怕也是我们应当注意的一件事罢"。

陶行知认为要善于引导学生从事各种有益身心的活动。他在1919年7月写的一篇文章中说："教人勿赌博，勿饮酒，这都是消极的禁止。至于积极的办法，要使他们时常去做好的事情，没有机会去做坏的事情。"陶行知在晓庄学校、育才学校，就经常带领学生去学校周围整修道路、桥梁，开井取水以及为民除害等各种社会公益活动。1928年，陶行知带领晓庄学校全校师生为老百姓捕捉蝗虫。又如，陶行知针对学生不爱惜公物，尤其是损坏图书馆图书的不良行为，就明确提出要求："阅读公众书报，不折角，不画线，不加批，不唾粘，按照规定手续借还"，"不得损坏、丢失书报"。

陶行知非常重视从日常生活小事培养学生的美的行为习惯。即使学生的衣服缝补、洗涤这些小事，他都从美学的角度提出具体而明确的要求：补衣服所用之线须与原线一致；补充之纽扣大小颜色与原扣一致；破处及裂缝须完全补好；脏处再细心洗净；针线须用心依规矩缝。陶行知在家中对自己孩子的言行举止也是严格要求的。如他所说的，脸和手要洗得干干净净；衣服、鞋、帽都要穿戴得整整齐齐；话不在多，却要说得得体，说得好听。

### 二、生活德育在社会性活动和交往中进行

人的思想品德在社会性活动和交往中形成，又通过社会性活动和交往表现出来。教育性的社会性活动和交往是有目的有计划进行思想品德教育的基础。陶行知生活德育的基本思想是强调社会活动的教育意义。他认为德育必须与社会生活实践相结合才能真正发挥"效力"，否则的话，"不运用社会的力量，便是无能的教育；不了解社会的需求，便是盲目的教育"。根据生活德育理论培养出来的人就会具有无限的生活力，他们"把自己放在社会的生活里，即社会的磁力线里转动，便能通出教育的电流，射出光，放出热，发出力"。

#### （一）在集体生活中感化人格，锻炼习惯

陶行知在《育才学校教育纲要草案》中明确指出："育才学校全盘教育基础建筑在集体生活上。"他在总结育才学校成立两周年的经验时，将在集体生活中培养人才列为"初步人才教育之路"。

陶行知认为"人格要互相感化，习惯要互相锻炼"。集体生活是实现这一要求的推动力，

是学生心理正常发展所必需的。陶行知说，"幼年人不是孤立的，他是环境当中的一个人"，不能脱离儿童成长的环境孤立地研究和教育儿童。儿童不能脱离社会与自然环境成长，学校不能脱离它所处的环境来办教育。他反对社会环境只能使儿童变坏的片面观点。他认为："环境对于幼年人的生活有两种大的力量：一是助力。……二是阻力。"助力固能扶助儿童成长，但阻力经过引导也可变为锻炼儿童的力量。学校德育的任务就在于把学校与社会、教育与生活密切联系起来，正确组织学生的集体生活，通过富有教育意义的集体生活，集体和个人的相互作用，促进儿童个性多方面的发展，造就"有生活能力和创造能力的学生"，成为"征服自然、改造社会的力量"。陶行知指出："一个不能获得这种正常发展的儿童，可能终其身只是一个悲剧。"育才学校的整个集体生活教育就是与生气勃勃的时代环境密切联系、息息相通的。

他说："人生需要什么，我们就教什么。人生需要面包，我们就得受面包教育；人生需要恋爱，我们就得过恋爱生活，也就是受恋爱教育。""是那样的生活，就是那样的教育。"陶行知提倡从生活中教，从生活中学，从生活中做，如果教而不学，学而不做，叫作"忘三"。

陶行知在总结育才办学二周年的经验时，又提出正确组织集体生活的"三要素"：一是"集体自治"；二是"集体探讨"；三是"集体创造"。陶行知鼓励育才学校师生以集体的力量，"运用有思考的行动"，来创造"新价值"，即有价值的集体生活。在他的倡议下开展了如前所说的五项创造活动，即"创造健康之堡垒"，"创造艺术之环境"，"创造生产之园地"，"创造艺术之气候"，"创造真善美之人格"。通过这些集体创造活动，每个学生都受到全面发展的教育。

（二）"共学，共事，共修养"，"相师互学"

陶行知认为"师生共学，共事，共修养"是真正的教育。他说，师生之间"由相亲而达到相知相爱，自然可以造成和乐的境界"。否则，"教师自教师，学生自学生，校工自校工……便免不了风潮"。所以陶行知主张师生亲近，精神沟通，感情融洽，做到"相师互学"，这是改进师生关系和做好一切学校教育工作的关键。

要做到"相师互学"，教师就要做学生的朋友，并引导学生前进。教师"一定要和学生共甘苦，共生活，共造校风，共守校规，断不能有一例外"，而且不要忘记同学互相感化的影响，最好还要运用学生去感化同学——运用朋友去感化朋友。陶行知还指出，教师要"在'事'上去指导学生修养他们的品格。事应当怎样做，学生就应当怎样修养，先生就应当怎样指导。各种事有各种做法，指导修养之法也跟了它不同。同是一事，处不同之地，当不同之时，遇不同之人，那做的方法及指导修养的方法也就不能尽同了"。这就是"教、学、做"在德育上的运用。

要做到"相师互学"，特别要正确对待犯错误的学生。他说："儿童不但有错误，而且常常有着许多错误。由于儿童年龄上的限制，缺乏经验，因而本身便包含着错误的可能性，这是一；环境不良，养成了许多错误的习惯，从这些错误出发，必然再造错误，这是二。因此教育的任务除了积极发扬每个儿童固有的优点而外，正是要根据事实，肯定他们的错误，从而改正他们的错误。"他还满腔热情地开导犯错误的学生："'过则勿惮改'。失之于前，改之于后，不失为颜回，不失为周处。"陶行知还特别提倡教师用真挚的感情、生动的形象去教育学生。他自己就是这方面的行家里手，善于用诗的形象化语言教育学生。他为了纠正学生打人骂人的错误，除耐心说服教育外，他特地写了一首《骂人》的诗："你骂我，我骂你。骂来骂去，只是借人的嘴巴骂自己。"学生读了这幽默、风趣和诙谐的诗句，情不自禁地哈哈大笑，而且体会到讲团结、讲友谊的必要性。又如，他针对不少学校富门的子弟不守纪律现象，写了一首《双料少爷》嘲讽诗："自从家父做老爷，人人呼我阔少爷。……上课看情书，下课访小姐。不高兴，闹个风潮儿，直要教员怕我如同儿子怕爹爹。请看今日害国贼，那一个不是当年的双料少爷！"这些教育诗形象易懂，琅琅上口，感染力强。在陶行知主持的学校里，学生都乐于"向己干"，谁也不愿当可耻的阔少爷，大家热爱劳动，艰苦为乐。

要做到"相师互学"，最重要的是"要学生做的事，教职员躬亲共做；要学生学的知识，教职员躬亲共学；要学生守的规矩，教职员躬亲共守"。每当新生入校，教师都要用这种方法"同化新生"，做到"教师对学生，学生对教师，教师对教师，学生对学生，精神都要融洽……一校之中，人与人的隔阂完全打通，才算是真正的精神交通，才算是真正的人格教育"。陶行知这种深入、具体、富有成效的"相师互学"的德育体现了民主教育精神，也是卓有成效的。

（三）在家庭生活中对儿童进行人格陶冶

家庭是每个儿童成长的摇篮，家庭教育对儿童的成长有重要影响作用。儿童的道德行为的发生和道德准则的掌握，是在与父母之间的相互接触而自然实现的，儿童德性的养成是潜移默化和教化两种形式在家庭生活中进行的。陶行知非常重视对儿童的道德教育，认为儿童时期的教育对其一生发展来说有着举足轻重的意义。他在《创设乡村幼稚园宣言书》中指出："凡人生所需之重要习惯、倾向、态度，多半可以在六岁以前培养成功。换句话说，六岁以前是人格陶冶最重要的时期。这个时期培养得好，以后只须随着他继长增高的培养上去，自然成为社会优良的分子。"所以陶行知认为，必须唤醒国人明白幼年的生活是最重要的生活，幼年的教育是最重要的教育。尤其是父母对子女的教育责无旁贷，"要用尽心血去教他，养他才行"。

在家庭生活中怎样对儿童进行人格陶冶呢？陶行知在自己躬行实践和积极思考过程中提出以下途径和方法：

一是父母要言传身教，做孩子的榜样。父母是子女的第一任教师，也是终身教师。他们对子女的教育有一定的权威性。由于儿童生活经历浅，是非判断能力差，他们的行为往往是"他律"的。喜欢模仿，易受暗示是儿童突出的心理特点。父母自然就成为孩子最早、最直接、最经常的模仿对象。他们的一言一行、一举一动，甚至个人的兴趣、爱好、习惯都会对子女产生深刻、持久的影响。陶行知曾说过："孩童最易受影响人者也，父母之言行举动，子女多于不知不觉中被其激触，效而尤之。今日之学子，即他年之父母也；为学子而行欺，是不啻引将来子女之行欺矣。可不惧哉！"

在家庭生活中，父母必须以身作则，言传身教，做孩子的表率和榜样。正如陶行知在《儿子教学做》一文中所指出的："我希望每个儿子做成一个什么样的儿子，我得把我自己先做成那样一个儿子；我要教儿子自立立人，我自己就得自立立人；我要教儿子自助助人，我自己就得自助助人。"陶行知本人就是这样做的。他教育孩子治事要认真，他自己就是一个最善于"用算学方法"处理事务的人；他要孩子好学，他自己就是一个即使再忙、再累也永远消磨不了学习研究的精神的人；他教育孩子要"追求真理做真人"，他自己的一生就是"追求真理做真人"的典型。

陶行知认为，"教育是从生活中得来"，"生活中随处是工具，都是教育"。家庭生活也是如此。陶行知举例说，儿子喜欢赌博，他母亲训斥他，可他的母亲自己却悄悄地到邻居家去赌博。他在窗子里看见他的母亲在赌博，于是也去赌博了。陶行知说："过的是赌博生活，受的是赌博教育，不期而然而成赌博的人生。"

二是按照儿童的需要和能力进行教育。陶行知指出："我们教育儿童，就要根据儿童的需要的力量为转移。有的儿童天资很高，他的需要力就大些，有的儿童天资很钝，他的需要力就小些。我们教育儿童，就能按他们的需要的力量若何，不能拉得一样。"他又说："儿童不但有需要，并且还有能力"，"我们教育儿童，就要顺导其能力去做去。……我们要设法去辅助他，使他能力发展"。

1944年陶行知又进一步指出，我们应该了解儿童的能力需要。儿童有很多痛苦是由于父兄师长之不了解。不了解则有力无处用，有苦无处说。我们要了解儿童的能力需要，必须走进小孩的队伍里去体验而后才能为小孩除苦造福。陶行知一再呼吁教师和家长要向学生学习。

由于家长、教师不了解儿童，不懂儿童的心理、能力和需要，致造成教育不当，闹成笑话。陶行知曾指出："中国以前有一个很不好的观念，就是看不起小孩子。把小孩子看成小大人，以为大人能做的事小孩也能做，所以五六岁的小孩，就要他读《大学》《中庸》。"这是家长和教师"恨铁不成钢"的心理的一个表现，违反了儿童的天性。它对儿童不只没有任何好处，而且会损害他们的身心健康。相反，只有深入地真正了解儿童各方面的特点，才能找到教育他们的正确方法。

当前学校德育中存在着以成人的观点、想法、要求去教育学生，这从根本上讲违背了德育的基本规律和学生身心发展的特点，致使学校德育效果较差。陶行知根据学生需要和能力来进行教育的思想，对加强和改进当前学校德育有很好的借鉴作用。

三是宽严相济，协同教育。陶行知于1925年曾指出，中国传统的"家庭教育素主刚柔并济。父亲往往失之过严，母亲往往失之过宽。父母所用的方法是不一致的。虽然有时相成，但流弊未免太大。"其流弊在于"因为父母所施方法之宽严不同，子女竟至无所适从，不能了解事理之当然。并且方法过严则易失子女之爱心，过宽则易失子女之敬意。这都是父母主张不一致的弊端"。

陶行知主张家庭教育要宽严并济，父母协同一致。他说："教育儿童，应当严格的地方便须严格，应当放任的地方便须放任。美国的教育偏重放任，中国的教育偏重严格。太放任了虽是富于自由，不免溢出范围；太严格了，虽是谨守规则，却有些枯干气味，都不是应当有的现象。"而正确的做法应当是："自由中有规则，规则中有自由。学生既有发言的机会，又能中绳准。"陶行知这些主张，符合教育的规律和学生的心理特点，有利于对儿童进行教育。

四是家庭最重要的教育是"给"的教育。陶行知认为，家庭"最重要的教育是'给的教育'，教小孩拿出小小的力量来为社会服务"。也就是说，从小就要教育小孩确立正确的人生观和世界观，培养为国为民服务的精神。陶行知在给他儿子的信中曾指出："我要你们做有知识、有实力、有责任心的国民"，"要学做事，学做人，不要做书呆子"，并强调做人大道理要看得明白。人生志在创业，要为国努力珍重，要根据自己信念和才干向前做。而且他坚定地表示：为着要达到你们的目的，只要于民族、人类有益，我总是支持的。

据陶晓光回忆说："他对我们世界观的形成都很重视，要求我们逐渐树立自己独立自主的信念。"他因家庭屡屡遭受不幸，产生了悲观和孤独的情绪。陶行知知道后，马上来信劝导他："你的人生观太悲观，应当改正过来。世界上一切困难都要用冷静的计划去克服。忧愁伤心是双倍的牺牲，于事并无补。你们不是孤零零的孩子。在你们的周围有着几百、几千、无数的孩子，都是你们的朋友，你们的同伴，你们的服务对象。从家庭的小世界里把自己拔出来，投入大的社会里去，你不久就会乐观、高兴，觉得生活有意义。"陶晓光由于父亲的教育，得以振作起来，重新热爱生活，积极投入社会服务中去。

陶行知认为"人生以服务为目的"。孩子应从小在家中培养他们在劳动或工作中学习服务。比如参加力所能及的家务劳动，养成劳动的习惯，培养为社会服务的思想。他在1927年写的家书中要求他的儿子"自己的事要自己干。衣服要学洗，破了要学缝；烧菜弄饭都要学，还要扫地抹桌，有益的事都要做"。又如，他让小孩子当"小先生"，实行"即知即传人"。他还叫六岁的陶晓光教 57 岁的祖母读书识字。

### 三、遵循思想品德形成规律，有效实施生活德育

人的道德品质形成有着内在的规律，生活德育必须遵循这一规律，才能处理好各方面关系，有效实施生活德育。陶行知在德育实践中总结出一套优化生活德育过程的方法。

#### （一）注重整体，全面渗透

陶行知从人的身心统一的原理出发，重视德育的整体性。他提出教育与训育合一、训练和管理兼重、在实践中练习道德行为等一系列主张，并使它们形成一个相互影响、相互制约、相互作用的整体，全面渗透道德教育影响。

1. 教育与训育合一

陶行知强调学校必须加强对学生道德修养的指导，主张教训合一，教师既教书又育人。他早在 1925 年《南京中等学校训育研究会》一文中指出："真正的训育是品格修养之指导。"他坚决反对传统的"教、训分家"。后在《晓庄三岁敬告同志书》中指出："在现代中国学校里教、训分家是普遍的现象。教育好像是教人读书，训育好像是训练人做人或做事；教育好像是培养知识，训育好像是训练品行；教育又好像是指所谓之课内活动，训育则好像是指所谓之课外活动。"他认为，"智识与品行分不开，思想与行为分不开，课内与课外分不开，做人做事与读书分不开，即教育与训育分不开"。这是因为，"学习知识与修养品行是受同一学习心理定律之支配的，我们如果强为分家，必致自相矛盾，必致教知识的不管品行，管品行的不学无术"。那种教务主任只管"功课以内"，训育主任只管"功课以外"的传统分工，就是对生活的"横的割裂"。他在育才学校实施的生活德育，就打破了"横的割裂"，注重德育的整体性，彼此促进，全面渗透，处处体现了生活德育的目的和要求。

2. 训练与管理兼重

陶行知认为，道德训练和行为管理必须并重。他在南京高师任教务主任时就提出："取训练与管理兼重主义。训练注重启发，使知其所以然；管理注重实践，使行其所以然。二者交互为用，以期知行合一。其德育标准就是以养成对于国家负责之国民，为意想中之人格。此人格之要素，必具有坚强的体魄，充实之精神。将于道德、学术、才识三者又有适当之培养，皆必如此，然后对于应负之责能知所行。"关于德育之具体实施，陶行知认为：一是修养，重躬行省察；二是服务，重实践与研究。

3. 在实践中练习道德的行为

按照"教学做合一"的原则，陶行知主张道德和行为要一致。在学"做人"的实际行动中教人学"做人"，才是真正的道德修养，同样，要在学"做人"的实际行动中自觉地进行道德修养，才是真正的道德修养。

陶行知的这种"注重整体，全面渗透"的生活德育思想，对于克服今天学校德育的弊端有着重要的现实意义。

（二）实行知、情、意合一的教育

陶行知在《育才学校教育纲要草案》中提出："育才学校办的是知情意合一的教育"，这种"知、情、意的教育是整个的，统一的所以陶行知主张学校应实施"统一的教育中培养儿童的知情意，启发其自觉，使其人格获得完备的发展"。

在知情意教育中，陶行知特别重视道德意志的锻炼，他认为在正确思想指导下的意志锻炼，是必不可少的教育。他曾经提倡过"预备钢头碰铁钉"的精神，教育学生应当有百折不回的毅力，即"凡事不干则已，既干了，就要具百折不回的毅力，向前去干！并且要任劳任怨，始终负责，则将来一定可以达到目的，有圆满结果"。他告诫学生应以到西天取经的精神对待人生道路的八十一难，树立奋斗的人生观。

在自然界和社会环境中有两种力量：一是助力，"是扶助人类生长的东西二是阻力，是"与人为难的东西"。发扬不避患难的奋斗精神，就可以化阻力为助力，也就是"逆境令人奋斗，生长历程中发生困难才能触动思想，引起进步。人的脑袋就是这样长大的，文明也是这样进化的"。他甚至把艰难困苦视为朋友，"我们有两位朋友：一是贫穷，二是患难。我们不但是在贫穷与患难中生活，而且整个教育理论都是它们扶养起来的"。他还说："追求真理的人以与患难搏斗为乐"，"人生与患难有不解之缘。患难给有志者以战斗之情绪与战胜之智慧"有了战斗之情绪与战胜之智慧，还必须有战斗到底之意志，才能克服大难，以至于成。一个人到了富贵不能淫、贫贱不能移、威武不能屈的境界，是永远不会被患难压倒。那时，他成亦成，败亦成，而不是世俗所谓之成败了"。陶行知还特别提醒青年人，奋斗的人生观是建立在"追求真理做真人"基础上，有别于个人奋斗。

（三）重视校风、校纪对学生的陶冶作用

运用校风教育是生活德育的具体体现。陶行知一贯重视校风对学生思想品德的陶冶作用。陶行知创办的学校都有鲜明的校风。晓庄师范，以师生同甘共苦、"共创共有"、服务农村、改造乡村著称；育才学校尤以育人、创造、前进为显著特点。

校风对育人有重要陶冶作用，但要形成优良校风必须努力坚持，日积月累，始克有成。他说："我们做事要按照计划，依次完成，就必须用毅力坚持，一直到做好为止。"他还说，说到剑桥、牛津二大学之醇风，这是他们七八百年的历史积淀形成的，我们要想有剑桥、牛津之校风，断非短少时间内所能勉强造成的。为创造优良的校风，陶行知在办学过程中采取了一系列措施。一是制订校训。"教学做合一"是晓庄学校的校训。二是谱写校歌。《锄头舞歌》是晓庄学校的校歌，充满前进、奋斗的革命热情；《凤凰山歌》是育才学校校歌，表达虚心学习、天下为公的奋斗目标。三是制作校旗，体现办学精神。晓庄学校的校旗，中间有一圆圈，里面有一"活"字代表培养的学生要有生活力。圈外等边三角形代表教学做合一。三角形上面有一"心"字表示关心农民疾苦。四周一百个金色星代表要创办一百万个学校，改造一百万个乡村，合起来就是要造中华民族的伟大之光。四是设计校徽。育才学校的三圈连环的校徽代表了虚心学习、不断工作和精诚团结三种德性。五是创作对联和警句，张贴在校园内。六是与常规教育相结合，举办"寅会"、生活周会、"教学做"讨论会等。还有环境陶冶、艺术熏陶另章专讲。

陶行知的美育思想及其经验是其生活德育理论中的重要内容。事实证明，它对培养学生的心灵是卓有成效的。今天我们研究和学习他这些宝贵的精神财富，对培养社会主义现代化新人无疑是大有裨益的。

# 第六章 生活德育的基本原则与实践途径

## 第一节 "教学做合一"是生活德育的基本原则

生活德育的性质、地位决定了生活德育的内容和目标任务；而在生活德育目标任务的实施过程中，必须遵循一些必要的基本原则。如"教学做合一"是生活教育的方法论，也就是生活德育的方法论，也是生活德育一条重要的基本原则。它是坚持生活德育的正确方向，达到生活德育目标的根本保证。因此，要实施生活德育，增强实效，必须全面地理解"教学做合一"前含义及其重要性，并切实地、自觉地贯彻到实践中去。

### 一、"教学做合一"的含义

"教学做合一"理论是陶行知先生在批判传统教育和洋化教育的基础上建立起来的，是对传统教育方法的根本改革。

陶行知留学回国后，"看见国内学校里先生只管教，学生只管受教的情形，就认定有改革之必要"。他先后提出了改"教授法"为"教学法""教学合一""学做合一"等原理，力主"把教与学连结起来"。1929年底，他正式提出"教法、学法、做法是应当合一的"观点后，将"教学做合一"作为随后创办的晓庄师范的"校训"，并进行试验，不断丰富和发展，逐步形成其生活教育理论体系的重要组成部分。

根据陶行知的多次阐述，"教学做合一"的主要含义有：

（一）"教学做合一"必须以"做"为中心

陶行知在《我们的信条》中指出，"我们深信教法、学法、做法合一"，并称之为"一条鞭方法"，但又明确地指出："教学做有一个共同的中心，这个中心就是'事'，就是实际生活，教学做都要在'必有事焉'上用功"。这就突现了"以事为中心"的思想。他在《教学做合一》的演讲中，进一步阐述了教学做三者的关系："教学做是一件事，不是三件事。我们要在做上教，在做上学"。"先生拿做来教，乃是真教；学生拿做来学，方是实学。不在做上用功夫，教固不成为教，学也不成为学"。这段论述中确定了"做"是教和学的中心，并作为"真教"与"实学"的标准。

在湘湖师范教学做讨论会上答问时，陶行知提出"教学做合一"有两种含义：一是方法；二是生活的说明。作为方法，即"教的法子根据学的法子；学的法子根据做的法子"；作为生活的说明，即"一个活动对事说是度，对己说是学，对人说是教气在生活中，实际上人人都在做，都在学，都在最，人人是先生，人人是学生。所以，"教学做合一"是生活法，也是教育法。

在《教学做合一下之教科书》一文中，陶行知对教学做合一的外延与内涵作了更为全面、更为精到的概括："教学做合一是生活现象之说明，即是教育现象之说明。"他明确指出："教与学都以'做'为中心，在做上教的是先生，在做上学的是学生。"

教学做合一强调以"做"为中心，就是强调以"生活"为中心，是破除传统教育脱离生活、脱离实际的弊端。这不仅是方法的变革，更是内容的变革，在这里，内容与方法是一脉贯通了。正是从这一点出发，陶行知在强调课程改革时，指出"我们要以生活为中心的教学做指导，不要以文字为中心的教科书"。

因为强调以"做"为中心，当时宝山县立师范学校曾将"教学做合一"改为"做学教合一"，陶行知曾说"这是格外有意思的"，而表示默许。

（二）"做"是"劳力上劳心"

"做"既然这么重要，那我们对"做"的含义必须要有正确、透彻的理解。

早在晓庄时期，陶行知对"做"有过解释。他说："真正的做是在劳力上劳心，用心以制力"，"只有手到心到才是真正的做"。在《答朱端琰之问》中又强调："'做'字在晓庄有个特别定义。这定义便是在劳力上劳心。单纯的劳力，只是蛮干，不能算做；单纯的劳心，只是空想，也不能算做；真正的做只是在劳力上劳心。"这就阐明了"做"的含义。那么，什么叫"劳力上劳心"呢？

陶行知又说："我们做一件事便要想到如何可以把这件事做好，如何运用书本，如何运用别人的经验，如何改造用得着的一切工具，使这件事做得最好。我们还要想到这事和别事的关系，想到这事和别事的相互影响。我们要从具体想到抽象，从我相想到共相，从片段想到系统。这都是在劳力上劳心的功夫。不如此，便不是在劳力上劳心，便不是做。"这段话包含了下列几层意思：

第一，做好一件事，必须多想想如何运用好一切可以运用的"工具这"工具"有下列几种：一是"书本"和"别人的经验"，大体书本上的东西都是"别人的经验"的记载和总结，所以陶行知承认书本"是个重要的工具"，可以拿来运用。但中国的传统教育长期以来不是教学生

"运用"书本，而是"读"书本，"啃"书本，"迷信"书本，"照搬照抄"书本，以为这样就可以"耕田、织布、治国、平天下"了。其实，这样的教育只能教人"读死书，死读书，读书死"，成为"书呆子陶行知强调，书本跟锄头、斧头、笔杆一样都是一种"工具"，既然是"工具"，不是拿来读读就行了，必须要根据实际情况来"运用"。如何运用得好，这便是"劳心''要解决的问题。除书本以外，还有其他"用得着的一切工具"，包括身上的各种器官（耳、目、口、鼻、四肢百体），还有望远镜、显微镜、锄头、斧头、笔杆子等都是工具，只要"用得着"，都可以加以改造拿来用，使事情做得好。

第二，做好一件事，不能就事论事，孤立地进行，要想到"这事"和"别事"的关系，想到"这事"和"别事"的相互影响。这是要求我们在做事之先，要研究事物的关系和相互联系。世界万事万物都是一个矛盾统一体，相互之间有着千丝万缕的联系。一件事的出现、存在和发展，总是离不开周围有关事物的影响，这种影响包含着事物因果，明白了事物的前因后果，当然就容易做好一件事。所以，这也是"劳心"要解决的问题。

第三，做好一件事，还必须经过"从具体到抽象""从我相想到共相"（即从个别到一般）、"从片段到系统"的思维加工过程，使感性认识上升到理性认识，以把握事物的本质及其发展的规律。如果遵循这一原则，那么人们虽然做的是一件件具体的事，获得的是一个个具体的直接经验，但能"举一反三"，收到"三反""知万"之效。比如牛顿看见一个苹果掉下便发了疑问："为什么苹果不向上飞呢？"从苹果下坠推想一切，于是想出万有引力的理论以解释这些现象。牛顿看见苹果下坠，便是用眼做；他从苹果下坠，推到一切以至想出万有引力的理论，乃是用脑做了，这是劳力上劳心的典型例子。所以，陶行知说："只要谨守'在劳力上劳心'的原则，自然会从具体归向理论，从片段走向系统。"

综上所述，"劳力上劳心"不是简单的动手干，而是包括复杂的思想活动；不是就事论事，而是放在事物的相互联系中思考问题。这种"做"包含着丰富的辩证唯物主义认识论原理，是将人类认识客观事物的一般规律运用于"做"，指导着"做"了。

（三）"做"是"新价值之产生"

在《教学做合一下之教科书》一文中，陶行知说：""做'是在劳力上劳心。因此，'做'含有下列三种特征：①行动；②思想；③新价值之产生。""劳力"与"劳心"当然指的就是"行动"与"思想"，但其第三个特征不可忽略，即"新价值之产生"，这是教学做合一最重要的内涵。

所谓"新价值之产生"，就是"发明"，就是"创造"。陶行知说："由行动而发生思想，由思想产生新价值，这就是创造的过程。"在这里，"行动"是最重要的，"有行动的勇敢，才有真知识的收获"，因为行动必有困难，有了困难必得想方设法去解决，而困难之解决就是"新价值之产生"，也就是创造。

陶行知还曾给"做"下了个广义的定义："做是发明，是创造，是实验，是建设，是生产，是破坏，是奋斗，是探寻出路。"而发明、创造则是"做"的目的。陶行知说："做的最高境界是创造"，也即"新价值之产生"。这"新价值之产生"，不仅指物质层面的建树，也指精神层面的创获。

陶先生举例说：鲁滨孙漂流到荒岛上，口渴了，到海边用手捧水喝，又发现泥土经过火烧变成坚硬的东西，这是行动；于是他把泥土捏成瓶状，希望同烧过的土一样坚固，这是思想；结果，他用瓶子盛水的计划成功了，这是新价值的产生。这个例子是物质的创造。再如《红楼梦》中，贾宝玉与姊妹们乘船在大观园游览，水上破残荷叶，妨碍行船，这是行动；林黛玉吟出李义山的诗句"留得残荷听雨声"，是思想；宝玉从厌恶破荷叶，一变而为喜爱之，则是产生了新价值。这是精神的创造。

在这一过程中，最重要的是"行动"。"行动"就是干，陶行知认为"一面干，一面想，必然产生新价值"，达尔文就是"一面干，一面想，干透了，想通了，然后才有这样惊人的发现"。他认为"古今中外所发现第一流的真知灼见，就我所知，无一不是从做中得来"，因为"有行动才能得到知识，有知识才能创造"，所以他把它们形象地比喻为"行动是老子，知识是儿子，创造是孙子"。

行动产生思想，行动创造价值。但这种思想价值还是为了指导新的行动，创造新的价值。这就是"行知行"的理论，所谓"行以求知知更行"，反映了陶行知的"实践、认识、再实践、再认识"的辩证唯物主义认识观。

（四）"以教人者教己"

生活教育主张：大众都是先生，大众都是同学，大众都是学生。换言之，在生活中，人人都在做，人人都在学，人人都在教。为使教学做更好的"合一"，使之成生活化的"教学法"，陶行知提出了"以教人者教己"的观点。

他在晓庄师范的一次演讲中，开宗明义地说："'以教人者教己'是本校根本方法之一。"这反映了"教学做合一"中"教"与"学"的新的意义：

其一，做先生者须先做学生。陶行知举了邵仲香先生教"纳税计算法"和潘一尘先生教"园艺"两个例子作为佐证。邵仲香先生因为要教人计算纳税，所以就去收集种种材料，并把这些材料融会贯通起来，彻底弄明白，再去教大家。这是"用教大家的材料教自己"。潘一尘先生是向来没有学过园艺，既然要教园艺，他对园艺方面的知识便格外要学得清楚些，否则，以其昏昏，使人昭昭，断然是不可能的。这两个例子，都说明作为先生，"先教自己"是十分必要和重要的。先生并非是"生而知之者"，都是"学而知之"的。再从德育来说，"先生不应该专教书，他的责任是教人做人"，而且是教人做"真人"。那么无疑的，先生首先自己要学做"真人因为真人有赖于真教师来培养，所以，陶行知要求教师的"一举、一动、一言、一行，都要修养到不愧为人师的地步"，才能"以身作则"，完成德育的目标任务。而先生的学，并不是闭门造车式的自教自学，他应该是向社会生活学习，"跟大众学，跟小孩学，跟朋友学，也跟敌人学，跟大自然学，也跟大社会学，要学得专，也学得博"。这揭示了教学活动的真相，也揭示了生活德育的真谛，即"相师相学"，或互教互学。其二，"为学而学"不如"为教而学"。陶行知举了一名男同学学习发口令和一名女同学学习接待工作的两个例子。教武术的韩先生要一名同学发口令，为了发好口令，这个同学必须对这套武术的步法格外明了，这便是为教而学而那个女同学要负责接待来客，就必须对学校的历史、现状及未来计划都弄得十分明白，才能答复来宾的问题。从广义的教育来看，回答来宾便是教，来宾提问题便是学。那个女同学"为教而学"，自然学得格外认真了。由此，陶行知提出了一条最重要的学理，这学理就是"为学而学"不如"为教而学"的效力宏大。这个学理揭示了教学的心理机制或动力机制问题。"为学而学"是学生的被动适应，是教学的放任自流；"为教而学"满足人们的"好为人师"的心理欲念，这种心理欲念可以使人"必须设身处地，努力使人明白；既要努力使人明白，自己便自然而然地格外明白了"。由心理需求产生一种动力，因而使"为教而学"有了宏大的效力。这也可说是"教学做合一"的特征之一。

## 二、生活德育必须以"教学做合一"为原则

20 世纪上半期，陶行知一方面批判继承了我国道德教育的优良传统，另一方面吸收融化了西方现代德育的先进理念，并在此基础上对我国的德育理论与实践不断进行反思与总结，创立起一种既适合中国国情又符合现代社会发展潮流的生活德育理论。这是它贯穿于整个生活教育过程并在其中占据重要地位的教育思想。生活德育内容丰富，原则和方法独特，不仅在我国现代教育过程中发挥了重大的作用，而且对于我们今天开展德育的改革与创新仍具有重要的现实意义。

根据生活教育理论，陶行知的生活德育也必然以"教学做合一"为其重要的原则，这不仅是实现生活德育目标的需要，也是实施生活德育内容的需要。

（一）在日常行为规范的训练中培养人格

陶行知强调对学生要不断进行健全人格的教育。道德范畴中的人格教育，主要指个人的品

舞、操行等。而养成高尚的人格，最要紧的是要筑起"人格防"（即"人格长城"）。有了"人格防"，便可自觉地抵御伪道德的侵蚀，人格便可以永远不受玷污。这"人格长城"的基础就是道德。道德分为"公德"和"私德"两方面，"私德"即指个人的品德修养和文明行为。陶行知十分重视一个人"私德"的培养，说"私德"是公德的基础。

人格教育必须提早进行，不仅是儿童，乃至幼儿都应进行人格教育。陶行知说：人格教育端赖六岁以前之培养。凡人生之态度、习惯、倾向，皆可在幼稚时代立一适当基础。吾国人漠视幼稚时代之重要，学校教育耗费精神，纠正幼稚时代已成之不良态度、习惯、倾向，可谓事倍功半。这里说的人生之态度、习惯、倾向，用我们今天的话来说，即一个人的日常文明行为习惯，这正是我们培养"真人"品德的起点和基础。

所以，陶行知十分重视学生日常文明行为习惯的训练与培养，他在育才学校创办初期，即制定了各种"公约"，详细规定了师生在会场上、师生之间、同学之间、师生工友间、穿衣、饮食、居住、图书史地馆等八种场合的行为规范，共七十四条。如穿衣：衣不违时，整洁，纽扣扣起，破烂即补，衣服晒干后即折叠收存。如饮食：吃饭要细嚼，喝汤、吃稀饭不使出声，不抛饭粒，不得剩饭剩菜等。再如卫生教育二十九事规定：离开咳嗽者五尺远，各人用各人的手巾、脸盆、碗筷，睡眠时腰部要盖着，饭后半小时内不得看书、运动、游泳，睡前必须刷牙，夏日每天要饮六杯开水等。这说明，人格教育，尤其是日常行为习惯，必须是在生活、工作和学习中逐步养成的。显然，"教学做合一"当是人格教育的重要原则。

（二）在具体的劳动生活中受劳动的教育

陶行知在办学实践中十分重视劳动教育。他认为："劳动教育的目的，在谋手脑相长，以增进自立之能力，获得事物之真知，及了解劳动者之甘苦。"这说明，陶行却是把劳动教育作为生活德育的一项重要内容来看待的。

在晓庄时期，陶行知提出"好的乡村教师，第一有农夫的身手，第二有科学的头脑，第三有改造社会的精神"。他把"农夫的身手"（劳动教育）放在第一位，因为一个乡村教师具备了劳动的身手，就便于跟农民打成一片。所以，晓庄创校后，陶行知就带领师生一起劳动，像工人、农民一样做工，种地。即使是扫地抹桌的简单劳动，陶行知也善于发掘其不寻常的意义。他说："扫地抹桌，是养成扫除肮脏的习惯。我们还可以把扫地抹桌的魄力，推出去扫除全国的、全世界上的一切的肮脏东西！我们要能随时随地见肮脏就除，见污秽就扫，必使家庭无肮脏，社会无肮脏，国家无肮脏，世界无肮脏而后已。"

在育才学校，陶行知提出四种集体生活，第一种就是"劳动生活"。他再次强调"劳动生活即是劳动教育，用劳动生活来教育，给劳动生活以教育"。育才学校有计划地组织学生从事开荒种地、果木经营、饲养牲畜、修整校园、修筑道路、美化环境等多种活动。学校还办起了三个小农场，师生自食其力。特别是 20 世纪 40 年代初，育才学校遇到空前的经济困难，为渡过难关，陶行知号召师生学习南泥湾垦荒精神，上山开荒种地，经一个多月的努力，开垦荒地三十亩。劳动生活培养了师生爱劳动的情感，更锻炼了师生艰苦创业的精神和不畏艰险、顽强奋斗的意志力。

陶行知说过，要达到劳动教育的既定目的，"非师生共同动手做事不可"，也就是说，真正的劳动教育，必须是师生共同在劳动中做，在劳动中学，在劳动中教。"教学做合一"是劳动教育的基本原则。

（三）在为人民服务的工作中培养"服务人民"的意识

陶行知始终把培养学生为人民服务的思想作为德育的重要内容。他在晓庄时期提出"二亲原则"，而"与人民亲近是'做人'的第一步"。在《从五周年看五十周年》一文中又说："人民是我们的亲人，我们是人民的亲人"，"一切所教所学所做所探讨，为的都是人民的幸福"。

陶行知有一副对子，叫"捧着一颗心来，不带半根草去"，这颗心，就是"农民甘苦化的心"，是为人民之心，为国家、为民族之心！晓庄办学三年，在陶行知教导下，师生全心全意为农民服务，在周围乡村创办了不少事业，做了不少好事。例如：他们办了乡村小学、乡村幼稚园，又办了民众学校，让广大农民及子女识字学文化；他们办了乡村医院，免费为农民治病，推进乡村卫生运动；他们办了中心茶园，开辟农民健康的娱乐场所；他们办了信用合作社，帮助农民维持生计，渡过灾荒；他们建立了农业科学馆，推广良种，宣传科学种田；他们成立了联村自卫团，禁烟禁赌，维持地方治安，为民除害；他们还为农民开井，筑路，造林，治蝗，成立联村救火会、晓庄武术会、乡村艺术馆，开办中心木匠店、石印工场、晓庄商店……这桩桩件件，都体现了晓庄师生对农民的真诚的爱心。农民送上匾额"农民导师""新我乡村"以表示衷心的感谢。

育才学校的学生一到校，陶行知就引导学生解决"为谁学，怎么学"的问题。如他要绘画组的学生"到老百姓的队伍里去画，跟老百姓学画，教老百姓画画"；音乐组的学生也必须明确"用音乐去为人民谋利益"，"利用（音乐）这强有力的武器，唤起全中国的民众，打倒日本帝国主义"；文学组、戏剧组、舞蹈组和社会组的学生也同样，要树立"文艺必须为人生，为人民的解放事业服务"的观念，做一个为人民服务的社会工作者。原育才绘画组学生、我国著名画家伍必端回忆，他在育才学校时，陶先生常鼓励他们去画劳动人民，表现劳动人民真实的生活。当时育才学校的后山有一座煤矿，那里的工人生活真惨，几乎是常年光着身子在井下挖煤，身上只有一块黑毛巾做遮羞布，其他什么也没有。头上箍着一盏很小的菜油灯用来照明，为了节省菜油，也只有进了矿洞才点起来，出来就熄掉。老师就把他们带到那里去，让他们画矿工，画煤车。煤工都是从黑咕隆咚的矿井里把煤推上来，然后过了秤就又接着下去推，休息也只有一会儿。老师就让学生们看看，画画，没有讲什么大道理，但学生们就已经强烈地感受到生活的不平等，社会的不公正，心中自然产生了改造社会、争取民主平等的愿望。原育才音乐组学生、我国著名音乐家杜鸣心也回忆说，陶先生经常教育他们要用音乐反映人民的呼声，用音乐作为战斗的武器。抗战时期，育才音乐组常定期开音乐会，许多进步歌曲，如《古怪歌》《你你你，你这个坏东西》《茶馆小调》《谷子在仓里叫》等都是这样传布到社会上去的。其中的《谷子在仓里叫》是陶先生写的词，陈贻鑫作的曲，刻画了奸商囤积居奇，而苦孩子却得不到温饱的情景，形象地鞭挞了奸商的丑恶嘴脸。抗战胜利后，育才学生积极参加了反内战、反独裁的斗争，音乐组的学生也创作了不少如《薪水是个大活宝》这类进步歌曲，揭露讽刺国民党反动派的黑暗统治，使师生在斗争中进一步得到了锻炼。所以，服务人民的教育，也决不能仅仅停留在口头上、学校里，而是应该让师生与人民"亲近，打成一片，并肩作战"的，也就是只有让师生在"服务人民"的活动中，接受"服务人民"的教育，培养"服务人民"的意识，才切实有效。所以"教学做合一"在这里自然成为必须遵循的原则。

### 三、生活德育强调以"做"为基础

"教学做合一"是生活德育的基本原则，而"教学做合一"又必须以"做"为中心，在做中学，做中教。所以，"做"是教和学的中心，也是教和学的基础。为此，生活德育要贯彻"教学做合一"的原则，必须强调以"做"为基础。陶行知是从人类认识事物的规律来说明这个问题的。他说："人类和个人最初都是由行动而获得真知，故以行动始，以思考终；再以有思考之行动始，以更高一级融会贯通之思考终；再次而跃进真理之高峰。"从而提出了"行是知之始，知是行之成"的理论。毫无疑问，一个人要受到有效的教育，要心悦诚服地接受真理，必须是在行动中，在生活中，在实践中，有亲身的体验，有真切的感受，才会融会贯通，而"跃进真理之高峰"。

因此，我们在对学生进行伦理道德教育的时候，让学生实地训练或亲身体验是非常重要的。陶行知在《南京中等学校训育研究会》一文中说："真正的训育是品格修养之指导。我们要在'事'上去指导学生修养他们的品格。事应当怎样做，学生就应当怎样修养，先生就应当怎样指导。"这段话说得很精辟，过去的"训育"（或称德育）只是说教、灌输，或是"一味盲目的压制"，或是"一味盲目的放任"。而陶行知认为的德育应该是品格修养之"指导"。而这种"指导"，不是干巴巴的说教，不是死读书，而是指导学生去行动，去做事，去实践，在此基础上修养他们的品格。显然，"做"应该是生活德育的重要基础。

从德育来说，单纯的说教、灌输是软弱无力的，必须坚持在做中学、在做中教，让学生到生活实践中去演习、操练，去感受、体验，同时给以适时的指导，这样才会真正有效。也正是从这个意义上说，陶行知的德育是真正的"生活德育"。

## 第二节 集体生活是生活德育的主要途径与方法

生活德育内容的实施和根本任务的完成，不仅要认真贯彻"教学做合一"的基本原则，而且有赖于选择合适的生活德育途径和运用正确的方法。陶行知在《育才学校教育纲要草案》中明确指出："育才学校全盘教育基础建筑在集体生活上。"这就告诉我们，生活德育是必须在生活中进行，必须在学校的集体生活和各种社会性活动中进行的。只有这样，才可能引导学生不断地去求真，去做"完满的人格"的"真人"。那种在传统德育中一味说教、灌输的做法往往是无效的，必须坚决摒弃。因此，对集体生活的作用、意义、内容与实质进行深入的研究探讨，是十分必要的。集体生活是生活德育的主阵地。育才学校的集体生活包含了劳动生活、健康生活、政治生活、文化生活。生活与教育是统一的，要在集体生活中进行劳动教育、健康教育、政治教育和文化教育。

### 一、集体生活是人才培养的必由之路

处于青少年时期的学生，他们在心理上正发生着巨大变化，他们对长者有闭锁性，对同伴有开放性，这就决定他们更容易受周围学生的影响。所以要求家庭、学校、社会必须为青少年创设良好的集体生活。

怎样创设良好的集体生活呢？陶先生认为，"真的集体生活必须有共同目的，共同认识，共同参加，而这共同目的、共同认识和共同参加，不可由单个的团体孤立的建树起来。否则，又会就孤立的生活，孤立的教育，而不能充分发挥集体的精神。""育才学校的集体生活必须保持合理、进步与丰富，而欲保持它的合理、进步与丰富，则有两个重要条件：①与社会发展的联系，与整个世界的沟通。②在集体之下，发展民主，看重个性。"就与学生最紧密班集体生活而言，建立良好的班集体，首先，要协助学生选出班级的领导核心，让有事业心、平易近人、思维敏捷、善于组织、有威信的人做班长。其次，要调协每一个学生的积极性，特别是班级中的后进生，使班上每一个人都有施展本领的机会。第三，要组织各种喜闻乐见、适合学生身心特点的课外活动，以形成他们的集体意识。第四，要形成一个积极奋进、团结和谐，遵守

纪律的班风。

## 二、科学的管理制度是集体生活健康发展的保证

"无规矩不成方圆"，集体生活应该遵循共同的秩序，建立科学的管理制度便成为了集体生活健康发展的必然。陶先生创办育才学校时已积累了许多年的办人民教育的丰富经验。在办育才学校的教育实践中，又创造了一些新的经验和办法，使他对育才学校的教育管理更规范化、制度化，形成了包括学校教学和生活在内的一整套科学的管理目标制度和办法。按陶先生的设计，育才学校要成为：①创造健康之堡垒；②创造艺术之环境；③创造生活之园地；④创造学术之气候；⑤创造真善美之人格。为达此目的，陶先生又亲自制定了《育才十二要》，有如今天的《学生守则》。仅有对学生的原则要求是不够的，对学生德、智、体的培养须通过日常的教学活动和学校的集体生活来逐步达到培养目标。随后，陶先生又制定了《育才二十三常能》，"二十三常能"包括"初级十六常能"和"高级七常能"；陶先生更把对学生的卫生工作当成一件大事情来管，他亲自制定了《育才卫生二十九事》；陶先生还十分注意对学生的礼节教育，制定了《育才学校之礼节与公约》，规定了学生在会场上、师生间、同学间、师生工友间、穿衣、饮食、居住、图书史地馆等各种场合的行为规范。

## 三、良好的校园环境是集体生活健康发展的载体

陶先生在教育实践中创立了生活教育理论，主张"生活即教育"，认为"是好生活就是好教育，是坏生活就是坏教育；康健的生活就是康健的教育，非康健的生活就是非康健的教育"。因此，营造良好的校园环境，为学生提供健康的集体生活，有利于学生受到良好的教育，塑造健全的人格，成为社会有用之才。传统意义上的校园环境建设，一般包括校园自然环境的整洁、清爽、教师的博爱、敬业和奉献。而今天的校园，则承载了更多更丰富的内涵。它应该是一个能体现学校深厚的文化底蕴和办学特色，处处"会说话"的教育之地；它应该是一个富有人情味、亲和力、能铺开心事的家；它应该是学生眼中的神奇创造王国，让大家驰骋想象的翅膀，无限创造；它应该是学生吮吸知识的摇篮，充满爱心、信心和激情，为大家提供源源不断的知识养料。

（一）加强校园文化建设，创建良好的校风和学风，打造学校的人文环境

随着现代社会的发展，校园文化以其自身独具的鲜明特色，愈加显现出不可替代的功能和作用。它将进一步促进学生的全面发展和终生发展，促进学校全面实施素质教育，促进学生的个性化和社会化发展的和谐统一。校园文化见证着学校的历史发展，凸显出师生的精神风貌，提升了学校办学品位，彰显出学校的办学特色，校园文化建设是学校建设的重要内容。

（二）让校园的每个墙壁都说话，赋予学校硬件环境以生命力

校园环境是师生长时间生活学习的地方，对学生的艺术素质、道德修养、情感内化会潜移默化地产生极大的影响。因此，在校园物质设施建设的基础上，应充分重视校园环境文化的建设，使学生在心情愉快的文化环境中滋生出一种蓬勃向上的力量，使学生在爱美、审美、创造美的过程中实现精神世界的升华。在校园建设上，我们打破常规思维，赋予它丰富的生命力，在我们熟悉的领域里挖掘出新的教育资源，为学生的发展提供更为宽阔的空间，使每一个角落都成为学生进行学习、探究、实践的园地。"让校园的每个墙壁都说话"，就是要赋予校园里的每栋建筑物都具有丰富的文化含义，实现校园的美化、净化、绿化、艺术化、乐园化。使我们的教育活动跳出了教材、课堂设定的固定圈子，与环境文化相结合，在隐形的教育中，传递出学校的办学思想，体现出教育的目的。

（三）开展丰富多彩校园文化活动，丰富同学们的集体生活

开展丰富多彩，富有特色的校园文化活动，让校园充满生机和活力，丰富同学们的集体生活。不论什么样的教育活动，最终只能通过学生的主动参与、积极感受和真实体验才能对学生的身心发展起到积极作用。因此，应积极开展丰富多彩、形式多样的校园文化活动来促进学生的参与、体验和感受。学生在活动中施展自己的才华，发展个性。

**四、学生自治管理是集体生活健康发展的主要途径**

对学生进行生活教育，可通过集体生活进行，陶先生认为这种集体生活采取的方式有三种：一是集体自治，目的让学生在集体自治中学会自治；二是集体探讨，目的让学生通过集体的努力，追求真理；三是集体创造，目的是让学生运用有思考的行动来产生新价值。自治是一种自我管理的训练。他本身就体现了民主精神，也体现了学生当家作主人的思想。因此，陶行知很重视这方面的教育，以期学生学会行使民主权利，养成自己管理自己的习惯。陶先生十分强调培养学生自治的能力。他认为共同自治是共和国的根本。学校提供自治，是为将来做准备，以剪除自乱的根源。这是从大处讲。从小处讲，学生如会自治，这也是一种修身伦理的经验，培养他能够学会遵守社会公德，养成遵守纪律的习惯。

陶先生对学生进行自治教育，主要从两个方面着手。一方面给学生讲道理，让学生懂得什么叫自治，什么才算正确利用自治。胡来一气，就不是自治了。要让学生知道民主的意义到底在哪里，如果滥用自治，胡来一气会造成什么恶果？自治应该注意什么，这些他都讲得很具体。另一方面就是要给学生自治的训练，自治训练最根本的就是让学生学会以自己负责起应该自己负责的事情。用今天的话讲，就是要让学生学会负责，发挥他的主体作用。自治的实质是自律。

做人要有责任感，自治自律是对社会负责，也是对自己负责。

**五 "真"教师的教育、引导是集体生活健康发展的关键**

教育的真谛是教人懂得人生、学会做人。培养什么样的人，是教育工作的根本问题，也是青少年教育的核心问题。因此，学生的集体生活需要"真"教师特别是"真"班主任的教育引导。陶行知有句教育名言"千教万教教人真，千学万学学做真人"。什么叫"真人"？陶先生在《生活教育十讲》中谈到，第一，做追求真理，为真理献身的人；第二，做人中人，而不是人上人；第三，做有道德的人；第四，要做一个整个的人。做整个的人要有三种要素：一要有健康的身体；二要有独立的思想，有判断是非的能力；三要有独立的职业。第五，立志改革，做创造的人。这是陶行知提倡做真人的出发点和落脚点。"教人求真，学做真人"这是陶行知教育思想的基本精神。他认为，"真人"有赖于教师来培养，"真"教师必须具有塑造真人的素养。

**（一）"真"教师应该具有健全的人格，高尚的师德，做学生学习的典范**

《礼记》中说："师也者，教之以事而喻诸德也。"韩愈在《师说》中明确提出："师者，所以传道授业解惑也。"这都喻示着教师既要向学生传授文化知识，同时还要使学生形成良好的思想道德。陶行知认为"道德是做人的根本"，"根本一坏，纵然使你有一些学问和本领，也无甚用处"，"学问本领愈大，就为非作恶愈大"。为此他提出"人格防"，要求大家"建筑人格长城"。具有崇高人格的人应该是"追求真理，爱护真理，抱着真理为小孩子，为国家，为人民服务的人。"作为一名教育者，不仅要教人，更要正己，孔子曰："其身正，不令而从；其身不正，虽令不从。"追求"真善美合一"，塑造"真善美的人生"，培养学生"追求真理做真人"是陶先生师德的真实写照。因此，当今教师在知识经济的迅猛发展，教育改革的不断深化及全面推进素质教育新形势下，不仅要不断丰富自己的科学文化知识，增强创新精神和实践能力，更要不断健全自己的人格，树立新时期教师的师德形象。

**（二）"真"教师应该爱岗敬业，求真务实，要精于业务，学而不厌**

爱岗敬业是"真"教师的基本要求。敬业是弘扬师德的核心。只有敬业才能爱岗，才能忠于职守，乐于奉献，真正做到教书者能以德育人。教育以育人为目的，教师不懂业务，教不好课，就会误人子弟。因而精于业务，学而不厌，也是"真"教师的必备条件。在这一点上，陶先生强调指出："教师只有博学多闻，才能厚积薄发，取精用宏，上课时才能得心应手，游刃有余，才能问一答十，举一反三，才能使自己教学内容更丰富，更有说服力。"为此，他要求教师必须好学不倦，我们做教师的人，必须天天学习，天天进行再教育，才能有教学之乐，而无教学之苦。

（三）"真"教师应该关爱每一个学生，走进学生心灵，做学生的良师益友

尊师爱生是学校良好校风的标志。关心爱护学生是"真"教师的起码要求，也是衡量教师的重要标准。陶先生反复告诫教师"要爱生如子弟""爱才如命"，他主张热爱学生，"为了孩子，甘当骆驼。于人有益，牛马也做。"他以"爱满天下"为宗旨，与学生同甘共苦，他认为："我们深信师生共生活，共甘苦为最好的教育。"在学生的关系上，除了亲近学生，爱护学生外，陶先生还极力倡导师生互动，他认为"先生之最大快乐是创造出值得自己崇拜的学生。"

# 第七章 引导劳动价值回归，助推学生成长成才

## 第一节 劳动育人的理论基础

### 一、开展劳动教育的必要性

职业教育作为一种以传授技能为主的教育类型，旨在培养适应生产、建设、管理、服务第一线需要的高素质技术技能人才，尤其需要吃苦耐劳、艰苦奋斗精神。在当今社会价值观多元化的背景下，部分高职学生存在着好逸恶劳、拈轻怕重的思想痼疾，崇尚享乐主义和个人主义，给本应风清气正的高校道德规范带来了严重挑战，劳动价值观在高职院校被弱化的问题亟待解决。

因此，要端正新形势下大学生的劳动观，首要任务是为劳动正名。2010 年颁布的《国家中长期教育改革和发展规划纲要（2010–2020 年）》明确提出："加强劳动教育，培养学生热爱劳动，热爱劳动人民的情感。"；2018 年 9 月召开的全国教育大会上，习近平总书记提出"培养德智体美劳全面发展的社会主义建设者和接班人"，首次把劳动教育纳入党的教育方针；今年 3 月，中共中央、国务院印发了《关于全面加强新时代大中小学劳动教育的意见》，并在 7 月出台配套文件《大中小学劳动教育指导纲要（试行）》，对劳动教育"是什么、教什么、怎么教"进行了集中阐释和分类细化。

学生工作部作为负责学生思想政治教育和日常管理工作、为学生的健康成长和全面发展服务的职能部门，在对学生的劳动教育上，我们责无旁贷。在鼓励学生进行专业知识学习的同时，还需引导他们崇尚劳动、尊重劳动，努力成长为具有专业技能和工匠精神的高素质劳动者和技术技能人才。

### 二、高校劳动育人现状分析

高职院校追求的重心不是系统构建科学文化知识，而是培养学生适应生产、生活和服务社

会所需的技术技能，相较于本科院校，高职院校则在推进劳动教育上具备诸多优势。第一，高职院校能够直接把劳动资源和教育资源有机融合，实现校企合作。第二，高职院校无论在专业、课程设置，还是教育教学的组织方式上，始终紧扣学生技术技能的培养，强调在做中学，在学中做。第三，高职院校配备了与人才培养相适应的校内外实习实训基地，为劳动教育提供了重要场所。

但由于受各种因素的影响、现实条件的制约，高职院校在推行劳动教育过程中仍暴露了不少问题，包括以下三点：

（一）劳动教育开展缺乏持续性

劳动习惯的养成需要一定时间的累计，部分高校劳动育人在实践和内容上缺乏持续性、衔接性，把课程简化为一学期一次或两次的劳动教育体验，容易沦为"拉横幅、喊口号、树旗子、作报告、摆造型"的才艺作秀，难以使学生养成良好的劳动习惯。劳动课课时数量设置少、开展时间短、缺乏组织计划性、缺少一定的校园文化建设等问题，映射了当前劳动教育被边缘化的严重态势。就此现象，各高职院校应从大处着眼，先紧抓劳动教育课，加强对劳动教育教学大纲以及课程体系的建设，保证课程课时。再从小处着手，明确高校劳动课的授课目标，同师生讲清"劳动教育不等同于体力锻炼"这一道理，充实劳动课课程内容，让劳动教育落地。

（二）劳动与育人分离化

劳动与育人作为一个统一的整体，首要目标是育人。然而，"只讲劳动不讲教育"或"只教育不劳动"的现象在高校频繁出现，将劳动与育人割裂开来，忽视了劳动的育人价值。同时，劳动教育方式粗浅，尚且停留在体力劳动锻炼的层面，属于粗重的劳动实践方式。大学生在此过程中"劳其筋骨"，授课教师则要借机让学生体会劳动的不易，辅以思想教育，帮助他们形成珍惜劳动、尊重劳动、热爱劳动的价值观。同时，学校一方面应优化劳动课程建设需要的物质保障，加大经费投入、配备好设备、创建实践基地等，另一方面还需强化劳动育人的制度刚性，形成科学规范的督导小组，指导劳动教育工作，确保劳动课有效开展。

（三）劳动教育手段惩戒化

劳动在我国教育界中作为一种惩戒手段，被长期争议。学生一听闻要劳动便产生了"累""脏"的负面情绪，这类劳动情感常成为劳动教育前进的绊脚石。为了降低学生对劳动行为的排斥性，育人者需加强对学生的思想政治教育，带领他们认真学习劳动教育的相关政策文件，端正劳动教育的价值所在。同时，注重典型宣传，加强正面激励引导，开展最美劳动者、创新创业标兵等评选活动，利用校园网、学校微信公众号等媒体对先进典型全方位宣传，让"劳动最光荣、劳动最崇高、劳动最伟大、劳动最美丽"这一观念内化于心、外化于形。

# 第二节 劳动育人的具体做法

## 一、构建"6+1+2"劳动教育体系

"6+1+2"模式的劳动教育体系：6指的是六大专业群所对应的专业劳动，各二级学院根据学院修订的劳动课程大纲，结合学科特点，创新劳动教育类型，以专业实训，职业技能实践作为专业劳动课程内容；1指的是公共劳动，以体力劳动、卫生保洁、社会服务、志愿劳动等实践任务为公共劳动课程载体，为确保专业劳动及公共劳动课程的实施，学院联合督查组深入一线开展突击及常规教学检查、强化师生参与意识；2指的是劳动教育"双导师制"，配齐配强劳动教育师资，成立了劳动教育教研室，并自编校本教材《劳动教育理论与实践》以推动劳动育人专业化发展，双导师制应运而生——即专业技能导师与生活技能导师，专任教师负责指导学生的专业劳动技能，专职辅导员负责指导学生的生活技能劳动，各守一段渠，种好责任田。同时，启动劳动教育师资培训工程，定期选送专任教师参加劳动教育主题的交流学习及研修活动，做到面向辅导员队伍每学年提供一项劳动育人科研项目、举行一次劳动精神探讨会、开展一次劳动教育专题的学术讲座。

## 二、培育学生"大国工匠"精神

2020年11月24日，在表彰全国劳动模范和先进工作者大会上，习近平总书记强调，要大力弘扬劳模精神、劳动精神、工匠精神。劳模精神、劳动精神、工匠精神是以爱国主义为核心的民族精神和以改革创新为核心的时代精神的生动体现，是鼓舞全党全国各族人民风雨无阻、勇敢前进的强大精神动力。为更好推进学生学习贯彻精神，积极构建以劳动育人为特色的课程思政体系，积极挖掘各专业课程所蕴含的劳动育人因素及劳动育人功能，将专业定位与劳动教育紧密结合，以学分制确定大学生的实践课时，将专业劳动技能、专业劳动精神、职业生涯规划等内容融入学科教学中，把劳动育人理念贯穿到课程思政的全过程。

## 三、搭建多元化实践平台

学院坚持把劳动教育与技术创新要求、传统工艺传承、职业发展规划相接轨。在校内，要保证劳动育人有场所、劳动实训有平台、劳动技能有保障、劳动方式有创新。每学期举办大学生成长成才规划大赛、职业技能大赛、创新创业大赛及其他竞技赛事，并辅以"三下乡"暑期实践活动，旨在锻造学生的职业能力和职业精神。在校外，充分利用社会实践资源，借助实验实训室、校企单位、创新创业教育等资源开辟全方位的综合实践基地。同时，以"校企合作、产教融合"人才培养模式开展生产实践体验，鼓励企业高管、技术骨干以教学、讲座、座谈、

研讨等形式共同开展就业创业项目。

四、强化成果的评价与运用

科学合理的评价方式是规范劳动教育行为的重要推力，建立更为科学合理的大学生综合素质评价指标，内容涵盖参加劳动实践次数、劳动实践态度、实际操作、劳动实践成果等各个方面，将学生参与的具体劳动实践情况和相关事实材料记入学生综合测评中，推动劳动教育规范化、常态化发展。其中，针对当前学生重视脑力劳动、轻视体力劳动这一现象，学院在学生日常管理、学生活动、勤工助学岗位设置上均有所导向。具体表现为院团委主办的以"爱劳动，懂感恩"为主题的教育实践、各班教室及寝室的卫生周评比月评比、校宣传栏整理清洁服务、学院各大小勤工俭学岗、"生态文明协会"主板的绿化等活动，组织学生参与食堂、宿舍、教学楼的后勤管理服务与监督，引导学生在劳动实践中自我教育、自我管理、自我服务。

习近平总书记曾说："光荣属于劳动者，幸福属于劳动者。社会主义是干出来的，新时代是奋斗出来的！"为践行马克思主义劳动观，引导劳动价值回归，我院严格按照中央文件要求，科学把握劳动教育的规律，针对当下青年学生的成长特点，围绕其学习和生活的各方面开展劳动教育，持之以恒地推进"劳动精神""劳模精神""工匠精神"的养成教育，让学生在劳动实践及未来的职业工作中"脚下有劲、手中有活、眼中有光、心里有爱、灵魂有趣"。

劳育作为五育之一，相较德育、智育、体育、美育在高校更为边缘化，但当代社会最应该得到培养的，恰恰是大学生这群未来的劳动者。愿我们相互学习、共同努力，为推动新时代高校劳动教育高质量发展尽绵薄之力。

# 第八章 新时期德育创新的必要性与微德育探索

## 第一节 德育创新的重要性

新媒体的飞速发展，使其成为影响高校德育的重要方面，给大学生德育带来挑战与机遇。德育创新是其应对新媒体环境挑战与机遇的必然选择，是新媒体视域下实现德育意识形态功能的必然要求，也是新媒体视域下促进大学生全面发展和实现德育现代化发展的自身需求。

### 一、德育创新是其应对新媒体环境挑战与机遇的必然选择

德育的创新总是与社会发展紧密相连，新媒体作为一种传播媒介，其快速发展影响了社会发展，更使大学生德育的环境发生了较大的改变。新媒体创设的虚拟与现实交叉并存，传播信息良莠不齐，价值观多元化的环境对大学生德育带来了挑战与机遇，德育创新是其应对新媒体环境挑战与机遇的必然选择。

（一）新媒体视域下大学生德育的挑战

新媒体传播因其与传统媒体的不同，对大学生德育带来了挑战，主要表现在以下几方面。

第一，传统德育的理念受到新媒体传播的冲击和挑战。其一，传统德育"一元主导"的理念受到新媒体多元文化环境的冲击。我国传统德育坚持马克思主义"一元主导"的理念，这在物理空间环境中较易做到，而在新媒体环境中则没有那么容易。身处网络中的大学生必然面对东方文化与西方文化、民族文化与外来文化的矛盾与冲突，甚至要接受西方强势文化与文化霸权的挑战，这对传统德育"一元主导"的理念造成冲击和挑战。其二，传统德育"教师主体"的理念受到新媒体的挑战。传统德育普遍坚持"教师主体"的观念，在网络时代到来之前，教师被公认是教育过程的主体，由于他们掌握的知识和技能比学生多，因而处于主体地位，而学生由于在知识与信息掌握上处于劣势，思想行为与社会要求存在一定差距，在教育活动中处于被动的地位。在信息时代，学生可以通过新媒体获得大量思想德育的信息，导致教师的信息优势被弱化，教师甚至有时处于信息劣势的境地。尤其是新媒体的互动性，更使教师的主体地位

受到冲击，使师生处于平等交流的状态。

第二，传统德育过程的单向性受到新媒体互动性的冲击。传统德育主要是一种单向的灌输式的教育，即由教育者对受教育者施教的单向过程，注重道德知识灌输与宣讲，较少关注学生的情感与心理，较少与学生进行平等的沟通。德育的重点放在防范、纠正和惩罚学生的错误行为上，由于学生的主体性被漠视，需要和情感被忽视，造成学生对德育的一种抵触心理。新媒体提供了交互性的平台，使传统德育过程的单向性逐步被互动交流的德育方式代替。

第三，现行的道德约束手段与新媒体的隐匿性之间存在落差。传统德育往往注重阶段任务的完成，忽视了学生自身成长过程中不同时期的不同需要，忽略了德育的个性化。这种完成任务式的德育不能解决价值观多元的大学生的思想道德问题，学生的道德素养也难以通过现行的道德约束手段如批评教育、舆论监督等得到提高。大学生在新媒体传播环境中的活动具有匿名性，他们出于好奇、好玩等心理或受利益驱使，可能做一些不负责任、违反道德的事，而现行的道德约束手段很难对此发挥有效的作用。

第四，学校德育在学生成长环境中的主导地位受到冲击。长期以来，学校德育借助可控媒介的单向传输，形成较大的舆论优势和时空优势，在学生成长环境中居于主导地位。随着信息时代的到来，高校德育工作者有目的、有组织经营的德育环境与新媒体广泛复杂的环境交织在一起，新媒体巨大的信息资源拓宽了大学生的认知渠道，学生不再轻易地接受教育者的单向灌输，并质疑教师的权威性。在这种情况下，学校德育在学生成长中的主导地位受到冲击。

第五，新媒体对大学生思想道德带来挑战。新媒体对大学生思想道德产生了较大的影响，新媒体视域下大学生的思想意识、价值观念、伦理道德个性化、多元化、复杂化的特征十分明显，给德育发展带来空前的挑战。大多数大学生运用网络、手机等新媒体，新媒体使大学生价值观念多元化。由于新媒体是一个没有边际的世界，各种不同的价值观念汇集交织，西方价值观念对大学生产生较大的影响，造成大学生在思想上困惑和迷茫，在价值取向和价值判断上出现偏差。新媒体使大学生在伦理认知、伦理情感、道德意志、道德行为方面面临挑战。新媒体创设了一个困惑重重的伦理环境。伦理是一个社会的道德规范系统，赋予人们在动机或行为上的是非善恶判断之基准。伦理是一定社会经济基础和社会生活的反映，是在特定的人类交往活动中形成并随着生产、生活方式的变化而变化的。信息科技的发展使社会的发展与时空结构起了根本的变化，新媒体使全球化加剧，各种文化冲突日益表面化和尖锐化，伦理的冲突与矛盾日趋显现。

新媒体环境中伦理相对主义的强化、无政府主义的泛滥、伦理基本矛盾的冲突易导致大学生伦理认知的冲突。伦理相对主义即"你想怎样就怎样"或"怎样都行"，互联网无中心的设计思想为伦理相对主义提供了技术基础，数据化和符号化的人际交往推进了伦理相对主义的实现；由于新媒体传播中言论控制相对较难，新媒体环境中的无政府主义、滥用自由而不承担义务和责任，给主流道德建设带来麻烦；新媒体成为当今世界不同社会意识形态和思想文化进行交锋和竞争的重要场所和渠道，为不同社会意识形态和思想文化形式扩展自己的空间和影响提供了便利，也为不同社会意识形态和思想文化的斗争提供了便利。由于不同国家和民族之间的价值观念、伦理道德标准的不同，会产生一些冲突。西方国家利用新媒体向我国输出其意识形态、价值观念，对大学生产生较大的影响。

新媒体环境中人际情感的缺损、人际交往的间接化易导致大学生伦理情感的疏远与隔阂。人际情感是需要人与人的社会交往来维持的，而对于在新媒体上的交流来说，人的言谈举止被转换成二进制的语言，与现实生活中的人与人的直接交往相比，人与人之间的隔离增大了。新媒体空间的虚拟性、开放性、交互性，便于人们以平等的身份进行交往，使人与人之间的交往既直接又间接。直接指新媒体提供许多聊天或交谈渠道，人们可以借助网络进行同时性谈话。间接指大部分谈话是通过屏幕上的字母和语句来完成的，听不到对方声音和语气，看不到表情。因此，这易导致大学生伦理情感的疏远与隔阂，有时表现为人机关系和谐亲密，但人际关系淡漠。

新媒体使大学生的伦理决断力和道德意志面临挑战。由于新媒体信息过滤得不严格，有用的信息与无用的信息同时被生产，一人一机的信息接收方式使人可以建立自己的天地，使人在不自觉中患上"精神麻木症"，丧失有效的道德判断力。主流的伦理观念已淹没于散沙式的个人追求中，自觉的道德追求已隐匿于信息的随意接受之中。个体伦理无法使个人的行为保持全方位的确当性，公共伦理无法使社会维持相互协调的人心秩序。信息时代大学生的伦理决断力面临考验，新媒体环境中信息伦理是多元化的，使大学生的伦理决断力和道德意志面临挑战。

新媒体环境中大学生的道德行为存在一些问题。建立在现实社会中的道德规范由于不适应新媒体运行的新环境，形同虚设，而一时又没有形成新的道德规范，使得一些新媒体传播中的行为既不受旧规范的制约，又无新法可依。

第六，新媒体对德育队伍的现代化素质提出了更高需求。"在信息社会里，教师不可能再像过去那样，被看作是某种知识的唯一拥有者，他只需传授知识即可。从某种意义上说，他成了集体知识的合作伙伴，他应果断地站在变革的前列，对这种知识加以重组。"然而面对新媒体的传播环境和变化着的教育对象，德育队伍表现出很多不适应，突出表现为知识储备的不足和知识结构的单一、新媒体知识和运用技能的缺乏、运用新媒体进行德育的主动意识不强等。因此，加强德育队伍建设，造就一支高素质的德育工作队伍，是信息时代德育发展面临的一项严峻的挑战。

第七，新媒体对我国传统伦理道德带来挑战。一是新媒体对传统伦理所依存的生活世界带来改变。中国传统社会是以小农经济为基础、以宗法血缘关系为纽带、家国一体的社会，中国传统伦理是"亲人伦理""熟人伦理"。以 Web2.0 信息网络技术为基础的新媒体，冲破了地域阻隔，形成了跨越时空的网络交往。这种网络交往是一种陌生人群中的交往，社会交往模式由"人——人"为主变成了"人——媒介——人"为主。新媒体正在解构我们所熟知的传统的日常生活世界，对"私德主导、公德不彰"的传统伦理造成了严峻挑战。二是新媒体对传统伦理价值的解构。新媒体所蕴含的信息网络技术的兴起，促使社会财富和权力、地位流向代表现代科技发展方向的群体和个人，打破了传统社会等级差序结构和封闭的组织方式以及相应的"门第观念"等制度与观念。三是新媒体促进伦理相对主义和伦理多元化的强化，对中国传统伦理造成冲击。在中国道德文化历史发展中，儒家道德一直处于主导地位，中国传统伦理可以说是在长期封闭状态下的一元化的道德文化。在中华人民共和国成立后，我们以马克思主义为指导，在继承中国传统道德文化积极因素的基础上进行了公民道德建设，我国道德文化的基调仍是以儒家传统文化为主的。而新媒体由于其去中心化的传播特点，全球性的广泛参与，使伦理相对主义和伦理多元化强化，使中国传统道德面临与开放的多元道德文化并存的挑战。

第八，新媒体对我国现有的媒体管理带来挑战。新媒体是一个高度自治的空间，在新媒体环境中只有协议，如 HTTP 协议、TCP/IP 协议等，没有管理"中枢"机构，各种虚拟社群、虚拟社区都是基于参与者相同或相近的兴趣、爱好以及互补的利益需求而自发形成的。新媒体环境依靠协议管理和运作着各自的非正式组织。而且，新媒体一方面扩大了受众接受信息的主动权和受众的信息发布能力，另一方面，新媒体的开放性、隐蔽性、匿名性等特点，使得管理者对新媒体环境中的流动信息很难控制。现实生活中的社会舆论的他律作用在新媒体中不复存在或大大减弱，我国现有的网络管理文件、手机管理文件与新媒体技术的飞速发展相比明显落后。

（二）新媒体视域下大学生德育的机遇

新媒体在对大学生德育带来挑战的同时，也因其互动性、开放性等特点为大学生德育创新带来很好的机遇，主要体现为以下几点。

第一，新媒体为德育提供了新的载体。载体是德育系统不可缺少的重要组成部分。德育载体是指承载、传导德育因素，能为德育主体所运用且主客体可借此相互作用的一种德育活动形式。在新媒体中，德育信息承载具有如下优势：一是新媒体技术使教育内容从平面化走向立体化，由静态变为动态，从现实时空趋向超时空；二是新媒体的超大信息量丰富了教育内容，增强了教育内容的可选择性；三是较高的文化与科技含量将教育信息的政治性本质隐含在历史文化知识和现代科技信息之中。通过新媒体这一载体进行德育，可以扩大教育的覆盖面和影响力，使大学生通过新媒体获得广泛社会信息的同时，接受德育信息，受到德育的影响，从而提高道德素质。而且这种教育形式对其他载体的德育影响构成一种补充和相互作用，形成全方位的德育态势，因而增强德育的影响力和有效性。

第二，新媒体为德育知识和价值传播创造了有利条件。从传播学角度看，德育是阶级社会的一种特定的社会信息传播现象和活动，是以道德观念、道德规范为核心的德育信息的传播行为和过程。在此过程中，教育者向受教育者传递信息，是开展德育的起点。较之过去的德育信息传播，新媒体信息传播具有明显的优势，这对德育知识和价值传播非常有利。其表现为：吸引力更大，新媒体将文本、图画、声音等信息集为一体，能调动学生获取信息的主动性、参与性；感染力更强，新媒体的立体动画及仿真画面对人的影响力大大增强；更快捷方便，学生可在任何一个终端，随时高效获取知识和信息；更加开放，新媒体为大学生提供了更大范围的学习和社会实践环境，促使他们在社会化过程中趋于成熟。

第三，新媒体可以促进德育的互动及主体性的发挥。在德育中，教育者和受教育者的行为和活动需要互动，这种互动表现在信息传递、接受和反馈的过程中。以往的德育采用较多的是单向灌输的方法，忽视受教育者的需求和接受能力，抑制了受教育者的主动性和创造性，使受教育者处于从属地位。新媒体为人们提供了一个开放的平台，使大学生主体意识迅速觉醒并不断增强。在新媒体传播中，交往对象的社会角色通常是虚拟的，交往对象没有心理负担，使交往者保持相对平等的心态，有利于宽松的人际关系的建立。角色还是可以互换的，在浏览网页选择和吸收德育信息时，参与者是以受教育者的身份出现的，而在参与信息的制作、发布等活动，将自己的思想传播出去时，参与者又成为教育者。在新媒体互动平台上，德育者与受教育者关系上更具有融洽性，双方都能较好地发挥其主体性。因此，从传播学角度看，新媒体德育信息传播的主体不仅是教育者，还是受教育者，教育者与受教育者的关系是两个主体相互依存、相互制约的互动过程。

第四，新媒体有利于增强德育效果。检验德育是否有效以及效果的大小，其主要依据是德育的目的和意图的实现程度。教育者把社会要求的道德观念和规范作用于受教者的知觉和记忆系统，引起其信息量的增加和信息内容构成的变化，即受教育者对德育的认知；作用于受教育者的观念和价值体系而引起情绪和情感的变化，即社会主导价值的内化与维护；这些变化通过受教育者的言行表现出来，即行为习惯的养成。这三个层面中，第一、二层面叫"内化"，第三层面叫"外化"。三个层面体现了效果形成的不同阶段，从认知到态度再到行动是一个效果积累、深化和扩大的过程，要取得德育的最佳效果，内化是关键。从新媒体的传播特征来看，新媒体为促进大学生内化提供了新的契机。新媒体空间中丰富的共享信息，为开展德育提供了充足的资源；新媒体信息传输的快捷性和交往的隐匿性，利于迅速了解学生的思想情绪和所关心的问题，增强教育的针对性；新媒体主体的平等性和交往的互动性，有助于受教育者主动参与对话交流，有利于把教育转化为受教育者的自我教育，提高教育的时效性。

第五，新媒体有利于形成德育的合力。教育学领域中的教育合力，是指学校、家庭、社会三种教育力量相互联系、相互协调、相互沟通统一，形成以学校教育为主体，以家庭教育为基础，以社会教育为依托的共同育人的力量，使学校、家庭、社会教育一体化，以提高教育活动的实效。学校教育的合力，是指来自学校内部各方面的教育达到高度的一致，从而达到最佳教育效果。大学生德育合力就是指大学生德育系统内各构成要素及其与环境系统相互作用，在运行过程中所产生的综合力。新媒体的超时空性，通过德育网站、博客、QQ群等形式，可以使学校、家庭、社会都参与到学生的教育中，突破了过去教育中存在的时间和空间的障碍。在学校德育中，由于新媒体的广泛参与性，广大专职教师、管理干部都可以通过博客、QQ、网站留言等方式与学生互动交流，扩大了德育的参与面，同时由于新媒体参与者的匿名性和平等性、互动性，可以充分发挥学生自我教育的积极性和主动性。因此，在德育中运用新媒体，有利于形成学校、家庭、社会、学生四位一体的教育体系，易于形成教育合力。

第六，新媒体对大学生思想道德产生一定积极影响。新媒体有利于大学生新的价值理念的形成。共享、平等、效率、开放是新媒体所蕴含的价值理念。新媒体的虚实两重性、平等交互性、大众化等特点容易使新媒体上的交往打破社会等级的观念，有助于学生平等意识、共享意识的形成。新媒体运行的快捷性、简便性，有利于培养大学生的效率观念。新媒体的广容兼容性，有利于学生开阔思想，增强了学生的开放意识、全球化意识和多元化意识。

新媒体有助于培养大学生的创新性思维方式。传统教育受多种因素的影响，大学生个体创新性思维方式的发展受到限制，新媒体拓展了大学生广阔的思维空间，使学生可以接触到世界上先进的思想理论、科学技术，为培养他们的超前思维和创新思维提供了条件。

新媒体的自主参与性、高度自治性，使新媒体空间的道德主要依靠参与者的自律，有利于培养学生的道德自律；新媒体信息的繁杂、价值观的多元化，为学生创造了道德认知、道德判断的环境，有利于培养和提升学生的道德判断能力；新媒体空间秩序的维护主要依靠一些管理规定和自律协议，学生在新媒体空间的道德行为是一种基于个人道德认知、道德判断基础上的自主选择，因此，新媒体空间的优良道德行为有助于学生的现实道德行为和品质的养成。

第七，新媒体传播促进了我国公民社会的发育，为我国传统道德实现适应社会发展的现代转型创造了条件。中国传统伦理有着优良的传统，是中国传统文化的重要组成部分，尤其是仁、义、礼、智、信的儒家伦理，为中国人的道德修养提供了价值标准，影响了中华民族几千年的发展。但是随着时代和社会的发展，中国传统伦理也存在适应社会发展的现代转型问题。新媒体传播促进了中国公民社会的形成，孕育了开放、民主等现代伦理精神。从伦理学的角度分析，公民社会是公民作为社会主体的社会，新媒体传播使广大民众积极参与到公共事务中，公民社会趋向与公民伦理诉求成了当代中国的基本社会存在境况。新媒体把中国公民社会的发育置于全球化的背景中，决定了中国传统伦理向现代公民伦理演进的方向。新媒体使受众具有全球化的特征，中国全球化的际遇为中国公民社会精神气质与民众的公民意识的生成提供了可资借鉴与汲取的精神文化资源。

## 二、德育创新是实现德育形态功能的必然需求

关于意识形态的内涵，马克思和恩格斯把它作为经济形态相对应的重要范畴，指反映特定经济形态从而也反映特定阶级或社会集团的利益和要求的观念体系。在现代西方，意识形态被定义为一种由特定社会集团使用来解释世界的概念框架，是一种"世俗的宗教"。总之，意识形态一词都有反映或体现特定社会集团利益的含义，是一种与"科学意识"不同的东西。

马克思主义伦理学认为，道德的本质蕴藏于社会生活之中，道德是一种特殊的社会意识形态，受着社会关系特别是经济关系的制约。道德是在一定社会经济基础之上产生的一种社会意识形态，道德反映着社会和人类发展的要求，反映着特定阶级的利益。道德作为社会意识，要发挥作用就必须有特定的实际附属物，道德必须借助于社会舆论、宣传教育以及相应的实施机构等，并将它们包容于自身之中，成为社会上层建筑的一部分。德育是道德发挥意识形态功能的重要形式，在阶级社会里，德育无法保持中立的立场，道德的价值与原则具有意识形态性，德育旨在把占主导地位的阶级所提倡的道德准则和要求内化为广大民众的自我道德要求，承载着传播主流意识形态的职能。因此，德育最根本的一项功能即是其意识形态功能，或者说，导向功能、保证功能、育人功能、开发功能都是其发挥意识形态功能的不同表现方式。

以马克思主义为指导的社会主义意识形态在我国占主导地位，社会认同度是影响意识形态地位的重要因素，占主导地位的意识形态必须是社会认同度和社会普适性高，在社会意识中起支配作用的意识形态。由于新媒体传播的全球性、开放性、交互性、个性化、反权威性以及多元化等特征，它颠覆了传统传播时代的信息流动方式，削弱了国家对信息生产和传播的控制能力。随着新媒体在我国生活的普及，主流意识形态受到了来自新媒体传播的强烈冲击。新媒体将全世界各个国家联系起来，不同的文化形态、思想观念在新媒体空间交融或冲突。由于新媒体发端并兴盛于美国，其技术构造方式乃至资讯传播格式等带有美国社会的烙印并符合美国文化的特点。实际上它也要求任何一个新媒体使用者适应美国式的思维方式和熟悉美国的文化，

而且西方社会通过新媒体在意识形态方面对我们进行渗透，这种渗透变得更加隐蔽、尖锐、现实和复杂。

因此，创新新媒体视域下的大学生德育，坚持德育主导性，运用红色网站、德育网站、德育博客等形式，加大新媒体环境中对以马克思主义为指导的社会主义意识形态的宣传和灌输，加大对社会主义核心价值体系的宣传和灌输，将社会主义意识形态所体现的内涵和价值诉求转化为大学生的自觉追求，才能使社会主义意识形态得以弘扬，从而巩固并提升社会主义意识形态的认同度。

### 三、德育创新是新媒体视域下促进大学生全面发展的必然选择

"每个人自由而全面的发展"是马克思所认为的未来社会的基本特征之一，也是我们奋斗的目标，新媒体为大学生的全面自由发展创造了有利条件。

#### （一）人的全面发展理论

马克思、恩格斯对人的全面发展做了如下规定：全面发展是人的本质的对象化，全面发展的主体是社会的所有成员，全面发展最终将成为人的根本权利。由于人的本质具有多方面的规定性，人的全面发展在马克思那里也表现出多方面的规定性，即作为类存在物时，人的劳动活动的全面发展；作为社会存在物时，人的社会关系的全面发展；作为完整的个体的人时，人的个性和潜能的全面发展。这些规定的具体的含义如下：其一，人的劳动活动的全面发展表现为活动的内容和形式充分达到丰富性；其二，社会关系的丰富发展意味着个人与广义上的他人发生相互关系，表现为个人关系的普遍性的发展和个人关系的全面性的发展，个人与他人之间形成各方面、各领域、各层次的社会联系，人们的经济、政治、法律、伦理、文化等关系变得丰富、开放、全面，并且得以协调和谐发展；其三，人的个性的发展是指个人生命有机体的各构成要素的均衡协调发展，以及认知、情感、意志等心理因素的发展和完善。人的个性的发展首先是人的需要的全面发展，人的需要除了物质需要外，还包括社会关系、精神生活的需要，以及自我实现和发展、超越自由的需要等。人的个性的发展其次是人的能力的全面发展，即发展自己的体力和智力、自然能力和社会能力等，并在实践活动中发挥他的全部才能和能量。人的个性发展还包括主体性水平的全面提高以及个人独特性的增加和丰富，主体性主要表现为能动性、创造性与自主性，人的主体性的全面发展不但指其特殊属性的充分发挥，而且指人成为自然界、社会和自我发展的主体。以上三个方面的规定性是依次递进的关系，作为完整个体人的个性自由发展是人的全面发展的重要内容和根本标志。

#### （二）新媒体的发展为大学生全面发展带来了机遇与挑战

新媒体的发展为大学生全面发展既带来了机遇，也提出了挑战。

首先，新媒体为大学生全面发展创造了有利条件。其一，新媒体为大学生全面发展提供了一定的物质条件。人的全面发展以社会生产力的高度发展为前提，新媒体的诞生是社会生产力高度发展的成果。在新媒体环境中，大学生摆脱了过去由于生产力落后所带来的时间和空间的束缚，新媒体环境扩大了人的活动范围，催生了新的生产方式、生活方式，为人的全面发展奠定了基础。其二，新媒体为大学生全面发展提供了文化条件。新媒体促进了社会文化的发展繁荣，新媒体环境具有的一系列特征催生了新的思想方式、行为方式，形成了充满时代特色的新媒体文化，必将推动我国先进文化的建设，包括道德水准的提高和科学教育的发展。全面发展的人首先应具有高尚的道德情操，能够正确地认识和处理个人与他人、个人与社会之间的关系，具有正确的世界观、人生观和价值观，新媒体环境有利于大学生解放思想，更新观念，提高素质。其三，新媒体为大学生社会关系的丰富发展创造了条件。

新媒体的发展使个人可以与世界上任何地方的任何人发生虚拟或真实的关系，使个人从狭小的空间走向世界的舞台，新媒体促进了人的个性自由发展。新媒体的虚拟性、自主性、开放性、互动性、自治性，使大学生可以在新媒体中展示更加真实的自我，一定程度上满足了学生的社会关系、精神生活的需要，以及自我实现和发展、超越自由的需要，为学生能力的发展、主体性水平的提高创造了条件。

其次，新媒体对大学生全面发展带来了挑战。新媒体的虚拟性、超时空性，有时使大学生与他人的关系陷入虚拟的误区，造成人机关系、人与人之间虚拟关系的广泛而现实空间的封闭，从而影响学生的全面发展。新媒体的发展使大学生人与人交往的模式很多时候变成了"人——机——人"的交往模式，人与人的交往通过数字化的符号，减少了人与人交往的感情色彩，有时不利于人们之间全方位关系的形成；新媒体空间内信息的繁杂性，对大学生的思想观念、价值观的形成带来挑战。新媒体传播的开放性、全球性，造成信息监管难度大，使得新媒体空间内的信息较为繁杂，中西方文化相互碰撞，价值观多元化，主流价值观受到冲击，这对于大学生思想观念、价值观的形成带来冲击。

（三）新媒体视域下的德育创新是大学生全面发展的需要

人的全面发展是新媒体视域下大学生德育的现实出发点和最终归宿。运用新媒体进行大学生德育的核心是做人的工作，通过调动和发掘学生的主动性、积极性和创造性来实现学生自身和社会的全面发展。它通过开阔学生的眼界、活跃学生的思想、增强学生的交流来充分调动和发挥学生的积极性、主动性和创造性，为学生和社会的发展创造物质和精神条件。促进学生的全面发展，是新媒体视域下大学生德育的出发点和终极归宿。

基于人的全面发展决定了新媒体视域下德育的着眼点和侧重点。只有从人的全面发展出发，新媒体视域下的大学生德育应从满足学生的需要着手。因为需要是学生从事各种行动的动机的基础，德育工作者应研究学生的需要类型，并在新媒体视域下创设各种条件去满足学生正常的需要，如安全需要、人际交往需要和尊重的需要等。由于新媒体环境的开放性、平等性、互动性、虚拟性等特点，新媒体环境中人与人之间的关系被极大地丰富和发展了，这种交往关系的全面和普遍是新媒体的最大特色，也是应着重注意的方面，大学生在新媒体中的广泛交流可能会造成学生自我的迷失。新媒体视域下大学生德育应侧重学生健康人际关系的建立，从而促进学生的健康发展。

基于人的全面发展决定了新媒体德育必然要与现实德育相结合。人的全面发展是指人性中的各种属性都得到全面发展，不是其中一种属性得到发展。人性中不仅有现实性，也具有虚拟性。我们在实践中的误区是往往将新媒体德育与现实德育分离，忽视了二者的融合与配合。只有从人的全面发展出发，在虚拟和现实之间保持合理的平衡，做好新媒体德育与现实德育的结合，才能促进学生的全面发展。

# 第二节 德育教育中的微德育

新媒体时代，是一个信息涌动的时代，也是一个信息传播形式多样化的时代，一切可以利用的碎片时间被不断开发并影响受众。伴随着新媒体技术在各行各业的广泛应用，各种"微"产品大行其道，以微博、微信为核心，衍生出的微小说、微电影、微访谈、微生活、微课程等次"微"事物层出不穷"微德育"也应运而生。作为一种应时应景的新事物"微德育"其实就是德育教育中的微产品，这不是凭空制造的一个新名词，而是长尾理论在学校德育教育中的价值延伸。如何应用新媒体时代兴起的长尾理论，开发和利用好"微德育"，探讨更具有个性化的德育教育新路径，是我们做好新媒体时代德育教育工作的迫切需求。

## 一、微德育应用长尾理论的需求性

在新媒体应用过程中产生的"长尾理论"，成为信息化条件下商业运作模式的成功法则，正在不断地向社会和人的观点产生着影响和作用，对我国德育教育也有着启示和拓展的作用。

（一）微德育的提出与含义

1.微德育的提出是建立在长尾理论基础之上的

美国《连线》（Wired）杂志主编安德森在《长尾》一文中首次提出"长尾"（The Long

Tail）这一概念，迅速成为该杂志历史上被引用最多的一篇文章。他在此基础上加入大量商业案例，出版了畅销书《长尾理论》。"长尾理论"的提出，被认为是对新经济现象的一种形象解释。"长尾理论"认为，由于成本和效率的因素，过去人们只能关注重要的人或事，用正态分布曲线来描绘，人们只能关注曲线的"头部"——"主体"，而将处于曲线"尾部"、需要更多的精力和成本才能关注到的大多数人或事忽略。"长尾"实际上就是数量、种类二维坐标上的一条需求曲线，越靠近图形纵轴的商品销量越高，而越往右边延伸，商品的销量就越低，并逐渐形成向横轴尽头延伸的一条长长的曲线。安德森将其浓缩为：我们的文化和经济重心正在加速转移，从需求曲线头部的少数大热门转向需求曲线尾部的大量利基产品和市场，在一个没有货架空间的限制和其他供应瓶颈的时代，面向特定小群体的产品和服务可以和主流热点具有同样的经济吸引力。

基于上述模型论证，我们可以把长尾理论所描述的关键点概括为以下五个方面：一是关注长期以来被忽视的分散但多数的非目标消费者；二是关注过期的热门和一直未曾升温的冷门商品；三是关注非主要的需求，即多数不同消费者的个性化需求；四是高度的定制化和低廉的获取成本将使长尾成为可能的利基市场；五是长尾市场带来的利润要与头部市场相当。

在新媒体时代，长尾理论对德育教育具有应用需求性。众所周知，德育教育工作，涵盖的主体是比较宽泛的。反思当前学校的德育教育工作，无论是在基础教育还是在高等教育阶段，德育教育工作者们不辞辛劳、千辛万苦地进行多方研究或者实践，花费了大量的人力和物力。比如长时间来，围绕着谁是德育教育主体的争论不断，有"教育者主体论""受教育者主体论""双主体论"等；再比如若干教育教学改革、精品课程的建设和各项研究课题的推动此起彼伏。但受教育者们似乎并不买账，"两张皮"现象依然不减。实际上德育教育工作依然只能是靠控制、灌输和生拉硬推，无法真正走进学生的心里，道德滑坡和沦丧的现象屡屡发生。

传统德育教育在新媒体时代遭遇强烈挑战，在学生越来越占教育主体的语境之下，德育教育工作者企图通过强大的权威控制和灌输的时代已黯然失色。所面临着新的境遇，除了强势地以必修课程出现的课堂教育和以各种各样载体形式出现的德育教育形式之外，现在学生们还可以通过新媒体或自身的社会体验等来理解我们所给予的信息。对于大学生来说，他们最关注的不是"德育"理论的高深和该学科的系统性和严谨性，海量的具有草根化和个性化的信息以及交互的平台，刺激着他们的神经，并影响着他们的价值观。因此，正是从这个意义上来说，大量的主流价值观及其传统教育方式是长尾理论模型中的"主体"（"头部"），而纷繁复杂的各种信息传播或者活动则是"长尾"，这个"长尾"可以用"微德育"来进行描述。由此基于长尾理论的"微德育"得以提出。

## 2. 微德育是新媒体时代德育教育的一种新形式

所谓微德育，并非一般意义上的"课"，而是从微观视角出发所实施的一种即时渗透的德育教育。它很小、很细、很具体；看似随机随性，实为精心设计；涉及道德、思想、政治、心理、人生观、法制观等教育的方方面面、点点滴滴。相对于传统德育教育工作而言的，其价值和文化影响力是能吸引受教育者，并能激发学习兴趣，给受教育者以一个不断发展的有自我实现幸福感的道德体验，从而实现德育教育最本初的功能：即有目的、有计划地对受教育者施加影响的活动，使人回归为一个真正的人。笔者曾经提出微德育概念并有所研究，比较"微德育"与"微德育"，两者的共同点就在于：它们都不注重理念有多深奥，而是更加关注细微处，倍加体现情感关怀，将一切以学生体验为出发点和落脚点作为教育的核心内容；以学生体验为出发点和落脚点，而并不仅仅是由工作者提供产品、学生使用产品；注重与学生一起体验、一起改进教育产品，使学生也成为教育产品的生产者和工作者。

### （二）微德育应用长尾理论的现实意义

当前，把长尾理论引进和应用于德育之中，对做好新媒体时代德育教育工作具有极为重要的现实意义。

#### 1. 有利于实现微德育产品生产的长尾化

与传统媒体信息量小、信息面向窄、信息途径相对单一相比，新媒体以数字信息技术为核心，依托网络技术和移动通信技术而形成的覆盖面广泛，涉及领域全面的网状体系，承载、传播了巨大信息量，且信息更新的速度远远超过传统媒体。长尾理论的模型是用纵、横轴构成的，如果将横坐标为德育种类，纵坐标为德育效果（包括人数），两者交会所形成的曲线就是长尾理论中的需求曲线，面对庞大的学生群体，无论设计什么教育内容，其需求量不可能为零，于是便出现了需求曲线中那条长长的尾巴—长尾。由此可见，只要微德育工作者掌握相应的互联网、手机短信等新媒体终端的应用知识，就可以自由的获取大量的信息资源，生产出所需要的微德育产品，在与学生信息化交互的渠道和平台上，有针对性地为学生提供各种小范围的个性化服务，由此所产生的教育效果甚至会比系统教育更有影响。同时，由于新媒体时代信息量空前丰富，加之微德育产品生产时间短、传播快，而且不需要受到制度、体制和其他烦琐程序的制约，德育教育工作者可以借助新媒体技术丰富多彩的信息表现形式，以声音、文字、图像等生动地表达微德育内容，从而增强了微德育的辐射力，使新媒体的信息容量和时空边界由有限趋于无限，有效地实现了微德育产品生产的长尾化。

#### 2. 有利于实现微德育传播平台的长尾化

与传统的德育教育传播平台相比，新媒体技术塑造了全新的德育教育平台，为德育教育工作者提供了通路上的便利。由于新媒体技术能够集主体的开放性、工具的先进性、信息的共享性于一身，实现了传播平台的革命性变化：首先是传播通道由单向度、单维度向多角度、多维度转变；其次是传播内容由静态、单一的形式向动态、多样的形式转变；再次是信息的发布和接受由地域封闭向快捷、"无屏障"转变，从而使人类"地球村"的梦想成为现实。可以说，新媒体为微德育创造了最佳的技术环境，不仅带来了教育手段、教育方式以及信息获取与传播的突破性改善，而且使传统的德育教育平台由单一性变为多样化和立体化，更加富有生动性、艺术性、灵活性、互动性和亲和力，从根本上实现了微德育传播平台的长尾化；同时，也极大地提高了微德育内容的传播速度，使学生看到的、听到的内容更加丰富，更加形象和生动，增强了德育教育工作的生动性与感染力。

3. 有利于实现微德育需求的长尾化

新媒体时代信息传播海量化，一方面它拓展了学生获得信息的渠道和容量，尤其是新媒体的信息共享对于拓展学生的知识广度有很大的作用；另一方面，泥沙俱下，眼花缭乱，往往使淹没在信息海洋中的学生一时很难找到自己想要的信息，或者是很难分辨出有益于自己的信息。这时就需要借助长尾理论中的"过滤器"的帮助，使人们在无尽的选择中找到自己的需求，也就是在此时，我们说"长尾"的威力得以释放了。所谓"过滤器"是"长尾理论"中的一个重要概念，它是指消费者在众多的产品中为找出自己需要的产品而使用的一系列工具和技术的总称，如搜索引擎、关联推荐和产品排名等。这些"过滤器"可以把需求推到长尾的后端，使非热门产品有可能变成热门产品，冷门产品能被需要的客户发现。在新媒体时代，德育教育工作者应十分注重"过滤器"的开发利用，为使微德育需求趋向长尾化，要充分利用好长尾中的各种微德育资源，善于在大众文化与小众文化混合、主流与非主流混合、专业与非专业混合的信息环境中，使那种被传统媒体视为并非主流的信息价值得以凸显，让用户便利地找到满意的网站和服务，从而使个性化信息需求得以实现。

（三）微德育的"长尾效应"

应用长尾理论的微德育，以开放、间接、内隐及个性化的方式，不仅深刻地改变着的德育教育环境，而且对大学生产生潜移默化的影响和行为的渗透，呈现出空前的"长尾效应"。

1. 微德育空间的拓展

新媒体时代，由于受众不再忠实于一种媒体，使得大众传播模式和格局呈现"碎片化"的发展趋势。美国学者尼葛洛庞帝对这种"碎片化"现象，在他的《数字化生存》一书中曾经做了这样描述："大众传播的受众往往只是单独一人。所有商品都可以订购，信息变得极端个人化。人们普遍认为，个人化是窄播的延伸，其受众从大众到较小和更小的群体，最后终于只针对个人。"这是一个真正自我化的时代，"我就是我"。我国学者喻国明也指出："就传播的影响力而言，以往依靠某一个（类）媒介的强势覆盖而'号令天下'的时代已经一去不复返了。一方面是传统媒介传播市场分割在不断收缩，其话语权威和传播效能在不断降低。"伴随着受众的"碎片化"和族群化，大众传播点对面的传播格局开始被打破，形成多对多的传播新格局。在这种新格局下产生的微德育，如果能够应用长尾理论，就将改变原本空间相对比较狭小的局面，它将使原本就客观存在的个体差异化需求得到充分释放，产生无限的生产、无限的渠道、无限的需求，"长尾"由此形成。另一方面，这种新格局将使受教育者能够根据自己的媒体使用习惯选择自己的信息平台，并通过自己的平台形成自己的交际圈。同时，不同的传播通道也深刻地影响着信息传播内容，使得传播渠道之间互为"长尾"。伴随着新媒体的发展趋势，各种传播平台如虎添翼，将使微德育的空间更为广阔。

2. 个性化需求的满足

新媒体为微德育传播的"微内容"提供了新平台，应用长尾理论，那些处于尾部的"微内容"叠加起来就会形成"巨内容"，这些少量的需求将会在需求曲线上面形成一条长长的"尾巴"，实现"微内容"的极大数量。在长长的"尾巴"上，曾被施教过程中挤压和忽略的"个性化"将被凸现出来。面临着新媒体时代受众的个性化，微德育内容切忌"打包服务"，它要求德育教育工作者必须集合各种教育资源最大化地满足最多的受众，让他们可以随时用自己感兴趣的关键词搜索，看自己想看的信息，甚至可以实时获得某些重要信息，而这些信息就可能来自处于长尾的"微内容"。当"长尾"足够长的时候，"微内容"的能量将会被无限放大，由此微德育就可能满足每一个人对信息的个性化需求。

3. 微德育形式的更新

按照长尾理论，在互联网平台上，"小众商品"的需求会在需求曲线上面形成一条长长的"尾巴"，实现小众的极大数量。同样，这些"小众商品"的销售会在销售曲线或利润曲线上面形成一条长长的"尾巴小众商品"的点滴销售累加起来，也可以使我们获得丰厚的回报，有时甚至可以超过"大众商品"带来的利润。在互联网平台上"长尾效应"为新媒体发展提供了新的经济增长方式。

新媒体时代，微德育要获得更大的生存发展空间，就需要不断开拓长尾市场，因为如果把足够多那些看似非热门"微产品"组合到一起，那就会形成一个堪与热门"主体教育市场"相匹敌的"大市场"。更深入来看，由于新媒体时代信息市场的"碎片化"，使受众形成了更高层次的细分，他们分散到成千上万的文化部落中，部落之间的主要纽带已经不再是地理位置的邻近和工作场所的闲谈，而是共同的兴趣爱好。此时，微德育实际上成了一种"定制化"的精确传播，细分的"尾巴"加起来是一个前景无限广阔的"大市场"，分得越细，"市场"越大，由此将提供一种崭新的微德育形式。

4.实现微德育效果的最大化

纵观当前的德育教育工作，无论多方如何重视，研究成果如何之多，方法手段如何穷尽，但仍然会不被学生所欢迎，工作无法真正走进学生的心灵，道德滑坡和沦丧的现象屡屡发生。按照长尾理论来分析产生这种现象的原因，主要是没有正确处理好成本和效率的关系：过去人们只关注重要的人或事，用正态分布曲线来描绘，人们只能关注曲线的"头部"—"主体"，而将处于曲线"尾部"、需要更多的精力和成本才能关注到的大多数人或事忽略。

## 二、微德育的定位与价值延伸

（一）微德育的定位

在新媒体时代，微德育是一种新的育人领域，以学生为参与主体，展现他们自身或群体丰富多彩的精神和生活世界，同时重视向学生推送应知的道德素养等，促使他们产生无意注意（一种自然而然发生的、不需要做任何意志上的努力的注意），并进而走进社会接触他人，既能丰富知识、增长阅历，又能愉悦身心、熏陶人格；既能通过微现象反思精神领域，又能发表阐述并参与讨论，自觉产生道德意识、培育自我教育力、发展道德能力。这里，微德育的定位取决于以下三个层次。

1.立足小微，源自生活

德育教育工作是一项系统的工程，需要进行长期规划、课程实施和进行长效管理，但是根据长尾理论，更要深入细枝末节。因为"长尾"的奥秘在于"如果把足够多的非热门产品组合到一起，实际上就是可以形成一个堪与热门市场相匹敌的大市场"。一般来说，人一次接受的信息量是有限的，几个小时的学习和长篇讲座，往往能被记住的信息就那么几条或者几点，加之伴随着自己成长的德育类课程的强势灌输，或多或少地让学生有些许的排斥，能主动接受的信息更少了。微德育内容需要立足小微，表达简洁，直接指向具体的问题，关注"小人物、小现象、小事件、小故事"，主题突出，层层剖析，能启发、有思考，带动学生主动关注和反思生命成长过程中的道德境界，彰显主体道德实践的魅力、人性的光辉和人生价值的肯定，从而培养学生健康积极的生命气质和良好的道德品质。这种小微人物或者事件必定是来源于生活世界的，因为德育的源泉和基础是生活世界。生活的过程与道德学习和生成是同一过程，道德信仰的养成，主要是基于具体的生活、行为、经验和阅历，而很少出于抽象的理智的推论。因此说，"立足小微、源于生活、贴近生活、高于生活"是微德育的外显特征。

## 2. 形式多样，易于选择

安德森所著《长尾理论》自始至终都是在论述品种多样化问题。品种多样化会带给用户更多选择，更能满足用户的个性化需求。长尾理论阐释的实际上是丰饶经济学，丰饶经济学显示了同质化大批量物质产品在满足了人们基本的生存和发展的需求之后，人的自我实现要求多样化中自由选择。传统意义上的德育教育多局限于课堂或学校，缺少与社会生活的普遍联系，难以被广大学生接受和认同，更无法激发他们强烈的道德需要和道德情感，甚而走向逆反。实际上，微德育所讲究的是在不经意间，渗透一种心灵的沟通，一丝人文的关怀，一个积极的提醒，一种行为的示范。特别是微德育通过网络平台或即时通信工具，通过微阅读，或微语录，或通过朋友圈，或通过微公益活动，或通过所汇聚的社会焦点事情，以多样的微表达，总能刺激学生的选择欲望，激发学生的关注与反思，从而感受到社会需要与道德修养及自身价值的实现之间的关系。这种微型德育教育，投入成本低，收到的效果却非常好。

## 3. 关注体验，着眼内化

信仰不是一种单靠理智即可获得的知识，甚至是根本不能靠理智获得的知识，它是凭借着身体和热血、骨骼和内脏，凭借着信赖和愤慨以及迷茫、热爱和恐惧，凭借他对那永远不能通过理智去认识的存在的热情信仰，而取得这种知识的。这实际上就是体验。我们几乎每天都会有来自身边的"道德冲突"或"两难问题"，促成德育教育的内部延伸和转化，这是微德育的"内涵式"管理的升华。苏霍姆林斯基关于道德有一句名言道德准则："只有当它被学生自己去追求，获得亲身体验的时候，才能真正成为学生的精神财富。"体验是来自生活、情感的感性而真实的内心感受，这种感受架起了生活与心灵之间的桥梁，能内化学生的道德认识，并激发学生的道德情感，培养道德意志，转化为道德行为。相比宏大叙事般的道德灌输，小微的道德体验更能达到润物细无声的效果。当前，在"灌输"和"体悟"二者之间，道德更青睐于后者，小微的并非"灌"出来的，而是通过体验"悟"出来的。很多学校目前已经关注到这一点，鼓励老师和学生捕捉微型真实的道德现象，并反思、解答这些道德现象，让学生的心智活动和内在情感、信念通过身边的小事来内化自己、锻炼自己、展示自己、提升自己，这或许是对"微言大义""微行真情"内化的最好阐述。比如，各式各样的微型德育课的开发，把自己或者身边的故事经过学生内心的体验、感悟，通过心灵的碰撞来激发学生的生命体验和生命感动，从而能把融于心智的道德信念和道德行为升华为道德的选择。

## （二）价值延伸

在新媒体时代，将长尾理论应用于微德育之中，使其价值得到有效延伸。概括微德育中的长尾理论的价值延伸，主要反映在以下五个方面。

1. 微德育中的长尾理论价值延伸之一：资源集聚

按照"帕累托法则"（也称"二八定律"），传统经济注重的是 20% 的热门产品，对于 80% 的冷门产品，基本上是处于搁置或遗忘状态的。随着新媒体技术的发展，80% 的冷门产品在网络空间的整合下，空前活跃、聚集起来，日渐形成一条长长的尾巴，以至于所积聚的能量足以与 20% 的热门产品相抗衡。克里斯·安德森认为"长尾"有如此的魅力，来源于三种力量：第一种力量是生产工具的普及，使生产者的队伍急剧壮大；第二种力量就是通过普及传播工具降低消费的成本，创造了新的市场和新的交流中心；第三种力量就是联结供给与需求，利用群体智慧联络供给与需求的能力，带来了崭新的推荐和营销方式。这三种力量中的每一种都代表着新兴"长尾"市场中的一系列新的机会。长尾理论的资源集聚价值为微德育工作提供了理论依据。在信息海量的今天，长尾理论启示我们在微德育中，要高度重视身边的每一条信息、每一种信息，善于从中选择有价值的信息，在点滴的累积中获取宏大的能量；同时，一定要主动出击，采取各种手段挖掘潜在的信息资源，进行分类集聚且形成规模。在资源集聚基础上，微德育工作者要根据自己的信息资源建立信息库、数据链，以提供足够的信息量去满足学生的选择要求，而这一过程也正是"长尾"蓄积力量的过程。

2. 微德育中的长尾理论价值延伸之二：关注个性

长尾理论认为，传统经济是供给方的规模经济，单一品种大规模生产之下，关注的是用户（消费者）稀缺；而长尾理论下的经济模式是需求方规模经济，在众多品种小规模的生产条件下，用户选择更关注个性需求，有丰饶的权利。新媒体时代，这种"长尾"积极性空前彰显，多样化的产品和信息满足了选择的个性化需求。新媒体时代，微德育把关注个性需求放在重要地位，既是实施微德育自身的需要，也是"长尾理论"在微德育中的应用体现。

首先是新媒体传播内容的丰富多彩，使得越来越多的青年学生开始转向能够满足他们某方面兴趣的信息或数据，虽然对他们来说主流文化还是需要的，但已经不再是青年学生文化需求得以满足的唯一渠道。大众主流文化正与无数的小众细分文化展开竞争，而青年学生越来越青睐选择空间最大的那一个，小众文化也就成了一种不可小觑的力量。这给微德育以深刻启示：随着青年学生价值取向的改变，微德育既不要放弃"头部"的主流文化需求，同时也要重视曲线"尾部"的大量小众文化需求，充分认识面向特定小群体需求的小众文化，其实与主流大众文化具有同样的吸引力。

其次，新媒体时代，处于开放式格局中的网络媒体，青年学生的选择有着极大的自由度，满足包括广大青年学生在内的人们需求和体验的多样性，其程度远远超过人们的想象，这完全是一个自发的过程。面对这样的新局面，如果我们只重视长尾理论所说的"头部"服务、而忽略"尾部"服务，其结果一旦不合青年学生的口味，他们就会立即转向，不接受我们的引导和服务。此时，即便我们的微德育设计得再好，那也不可能收到事半功倍的效果。因此，我们必须转换思路，正确处理好"头部"与"尾部"之间的关系，充分关注青年学生的个性化需求，只有这样才能充分发挥微德育的最大效能。

再其次，由于长尾曲线的尾部首先是非常庞大的产品种类，只有尽可能多的产品种类，才能满足受众个性化的需求。基于此，微德育应当改变内容单一的状态，制作不同种类的德育教育资源，尽可能满足大多数学生的兴趣和习惯；同时也要尽可能多地创造多样化的信息选择，满足少部分学生未被满足的多样化需求，并逐步实现信息个性化定制。按照长尾理论，只有满足了那些实际人数并不少的无数小众，才能更好地形成繁荣的长尾市场。

3. 微德育中的长尾理论价值延伸之三：小中见大

长尾理念的特征是注重"小利润大市场"。该理论所说的"头"是指正态曲线中间突起的部分，而两边相对平缓的部分叫"尾"。从人们需求的角度来看，大多数需求集中在头部，这部分可称作流行；分布在尾部的需求是个性化的、零散、小量的；这部分差异化的少量的需求，会形成一条长长的"尾巴"。其基本原理是：只要存储和流通的渠道足够大，需求不旺或销量不佳的产品所共同占据的市场份额可以和那些少数热销产品所占据的市场份额相匹敌甚至更大，即众多小市场汇聚成可与主流大市场相匹敌的市场能量。长尾理论的"小利润大市场"理念，对微德育不无启迪。多年来，传统的德育教育走的是一条有组织、规模大的路径，其实实际效果并不佳。微德育化整为零，走的是一条小型化、动态化的路径。所谓小型化，就是化小组织，可以以班级小组或者各种小型社团为单位，开展各种形式的德育教育活动。所谓动态化，就是将学校的大型活动化整为零，并且根据新情况新问题，适时充实活动内容，使每个组织自主开发的活动始终保持常态性。这种小型化、动态化的德育理念，为新媒体环境中的微德育赢得了更大的生存空间，有了生存空间就可以不断开拓微德育市场、生产微德育产品，按照长尾理论提出的如果把足够多的非热门产品组合到一起，便可形成一个堪与热门市场相匹敌的"大市场"的观点，微德育"小中见大"的优势就能够得以充分彰显。正是从这个意义上来说，应用长尾理论的微德育是一种新理念，也是一种新智慧。

4. 微德育中的长尾理论价值延伸之四：冷静包容

在"和"与"或"之中，安德森的长尾理论充分展现了"和"的特质，体现了包容性。安德森认为，长尾理论并没有排斥传统规模经济，而是把大规模主体产品和小规模多样化的产品结合一个象限里，取长补短，这是对"帕累托法则""二八定律"的补充。该理论提醒我们在关注头部20%的热门市场的同时，不要忽视尾部80%的利基市场。不可否认，即便在新媒体时代，大部分用户在浏览过程中，最先注意到的依然会是20%的热门产品或者主流信息，非热门产品或者非主流信息并不是人们开始就会关注的对象。所以，长尾理论是建立在热门的产品上或者是众所周知的网络平台上，在用户熟悉的领域中通过各种信任推荐和引导其了解不熟悉的领域，让用户不断挖掘自身的潜在需求，从而实现"长尾"的价值由此可见，长尾理论与"二八定律"并不对立，两者之间具有一定的互补性，不仅如此，从实际上来说更注重考虑了"二八定律"中被忽视的80%，体现了其冷静的包容性特征。

在新媒体时代，微德育的内涵是很丰富的。"微"，从哲学意义上来说"微"即"温暖"或"生命本微"。为体现微德育的"温暖"，首先微德育工作者要努力改变传统的习惯思维、定势思维和已有知识的局限，不仅要了解学生的所思所想，更重要的是能够理解学生的所思所想，以更大的耐心和毅力，真正体现"以人为本"，把微德育的"温暖"传递给每一位受众。其次要改变德育教育工作者的领导角色意识，微德育工作者的角色应当是设计师、服务者和教练员。所谓设计师，就是要全程设计好微德育内容、实施流程、基本策略和预期效果。所谓服务者，就是要坚持"以人为本"，扩大视野，在充分发挥"头部"（主流价值产品）聚合作用的同时，高度重视细化"尾部"需求，为受教育者提供更多的个性化服务。所谓教练员，就是要在开发微德育产品的过程中，既要教练学生学会如何使用德育产品，同时也与学生一起改进德育产品，让学生在使用德育产品中获得快乐的体验。

5.微德育中的长尾理论价值延伸之五："引领"受众

长尾理论认为，顾客价值需求要"引领"，而不是"迎合"。这是因为顾客的价值需求具有随众性和模糊性：当他们不知道需要什么样的产品或服务时，往往容易随大流；当他们一旦意识到所需要的产品或服务时，其隐性需求立马就会变为显性需求。基于此，如果仅仅依靠市场调查和价值臆断就能发现顾客的价值需求，是不切实际的，企业必须站在顾客的立场上，仔细观察和分析顾客究竟需求什么，研究和思考哪些比你的顾客更多的"非顾客"为什么不买你的产品。在确实厘清这些问题的基础上，企业才能更好地做到把"迎合"顾客需求，变为以创造顾客真正需要的价值去"引领"顾客需求。

新媒体时代，伴随着信息全球化过程所带来的开放化和多样化，各种文化的交流与发展具有了前所未有的活力，新媒体环境中出现了多元化的价值观。一些青年学生面对眼花缭乱、纷繁复杂的信息，不明就里，不辨是非，不知所措，他们的价值标准与价值选择面临着相当严峻的考验，呈现出双重或多元价值标准并存的状况，造成价值选择迷惘和价值取向紊乱，也促进了大学生价值取向的多元化和价值取向自我化。面对如此紊乱的价值取向，对微德育工作者来说，首先要坚持"引导"青年学生需求，而不是一味地"迎合"青年学生的个性需求。在深度研究不同学生的个性需求的基础上，要通过提供差异化的"微德育产品"，进行差异化的引领和教育，以逐步赢得学生的认同。其次，要学会在关注价值需求层次性的基础上，"引领"青年学生需求。人的需求是有层次性的，有基本需求与派生需求、高层次需求与低层次需求之分；即便在同一时间内，人的需求往往也会表现为重要与次要的差异，重要需求对青年学生的行为影响最大。微德育工作者要善于根据青年学生需求的层次性，"引领"、继而满足青年学生更高层次的需求来提升价值，通过发掘高层次的需求来赢得受众的。再其次.要深刻认识"引领"青年学生的过程，是一个持续积聚、价值升华的过程。这个过程从青年学生最初产生价值需求开始，需要我们对微德育产品的主要功能属性不断进行调整，并且根据需要及时提供其他延伸服务，直至对产品或服务的"消费过程"与其确立价值取向的过程完全重合。"引领"青年学生树立正确价值观是一个艰难的过程，只有让青年学生在每一步升华中得到需求满足，才能从中实现德育教育最本初的功能：有目的、有计划地对学生的思想道德施加影响。

### 三、微德育产品的开发与应用

新媒体基因的核心要点之一，就是把内容当作产品来生产经营，而不是简单地给内容贴上一个"产品"的标签。基于长尾理论的微德育产品开发是一个实践过程，更是一个创新的生产与应用过程。

（一）开发与应用原则

1. 突出小微，易于使用

信息容量微小符合微德育对象的认知特点，以微课堂为例，小微的学习内容（5～10分钟的视频时间，几十兆的容量），不仅仅能适合进行移动终端学习，更能满足学习者利用片段化的时间，其使用更加方便灵活。

2. 内容独立，体系完整

这一原则，似乎与碎片化相矛盾，其实不然。为避免碎片化学习时间里所学知识是零碎的、片断式的，所以微德育要独立化，单个微内容呈现虽然是小的信息或者狭窄的主题甚而相对简单的问题，但是，各个信息要素应具有相对独立性，从而适合学习者随时、随地的学习、讨论或者是体验。同时，还应该具有整体的考虑。整体性微内容不是资源的简单叠加，而是将某个知识点或活动主题进行系统的教学设计，重点是对内容进行结构化分析，使整个教学内容系统化，并与主体、活动以及媒体等要素建立联系，在此基础上对德育教育工作划分，确定单个微内容，各个微内容之间有系统性、整体性。

3. 结构开放，方便扩充

微德育就其内容来说，具有相对独立性，但由于较小的内容，很多时候要进行进一步的相关内容链接与补充，因此，微内容要具有半结构化框架的开放性特点，具有较强的生成性、交互性及动态性。大学生群体开放程度高，思想变化快，个体意识强，观点更具主体性和多样性。他们的思想情感不一定能真实反映在课堂里，甚至不一定会流露在和老师的沟通中，但是极有可能就反映在他们日常喜欢的微信圈、各种空间或者社交网站上。新媒体技术给予大学生自由地表达微情微意，而正是这样的碎碎念，会引发共鸣甚至粉丝无数。网络碎片中体现出来的微情微意恰恰蕴含着大学生思想中的潜流，及时地把握这些潜流，便于我们及时掌握信息，了解情况，对大学生加以积极引导。因此德育教育工作者要学会通过网络贴近和了解大学生，通过学生在网上传递的只言片语或图片视频挖掘其背后的思想意识和心理动机，并把这些发现带到德育教育课堂上去与学生一起探讨、辨析，形成网上网下互动，这种教学法的效果相信要比一味地教师说教要好得多。

（二）开发与应用路径

1.通过"微现象"，发现"微问题"

发现问题的过程往往是提升意识的过程，也是体现德育教育工作者能力的过程。微德育工作者要善于用心观察学生学习、生活等方面的"小现象"，从"小现象"中抓住受教育者思想、学习和生活中"容易被忽视的环节"，并从中抽象提炼成问题，分析问题产生的原因，迅速解决问题，提升其道德品德素养。如课堂上的不动脑、不动笔、不动手等问题；毁坏公共物品问题；食堂中或等电梯时候的不排队、不谦让等现象；生活中的未经允许私拿别人财物等不良行为习惯；宿舍休息时间大声喧哗等问题；情感上的恋爱挫折问题；心中郁闷无处排解问题；自闭、自残、自杀的倾向；人际关系中的以自我为中心，对集体漠不关心问题；双重人格问题等等。这些"小现象""小问题"从某种程度上来说，就是德育教育工作的"长尾问题"，德育教育工作者要根据受教育者的实际情况，及时搜集整理相关数据，进行分析和判断问题产生的原因，并针对不同原因和问题制定出实施微德育的具体举措。

2.搭载"微组织"，成就"微平台"

变革传统组织形式，搭建"微组织"，是顺利实施新媒体时代微德育的重要一环。为此，要建立与"微德育"相适应的微型化组织，为开展学校微德育提供组织保障。如在学校班级这个基层单位中，可以建立党团小组，学生之间可以组建各种小型社团；在组织运行过程中，要将学校的常规制度衍生为每个微型组织的组织章程，将学校的大型活动转化为每个微型组织自主开发的常态性活动。同时，这些学生自组织又是动态的，甚至是小组成员是可以互相交换甚至借用，及时分享快乐体验，发挥微德育中的"长尾"力量。

进一步拓宽渠道，创造长尾理论所强调的"畅通的交互渠道与平台"，是顺利实施新媒体时代微德育的着力点。长尾理论中强调的"畅通的交互渠道与平台"，可以通过新媒体技术下的各种信息化教学平台来实现。这其中 Web2.0 这种个性化的传播方式、交互式的表达方式、社会化的联合方式、标准化的创作方式、便携式的体验方式和高密度的媒体方式，为长尾理论在微德育中的应用提供了有力的技术支撑。例如，在微德育所设计的专题教育中，可以将专题教育内容制作成各类音频、视频，发布在网站上，由学生自由定制，随时下载。这样做有利于打破时间、地域的界限，增强了受教育过程的随意性和灵活性。在教育博客（Blog）、专题式维客（Wiki）上，微德育工作者可以通过标签（Tag）技术和简单聚合技术（RSS）的应用，就某项专题或某个话题，引导学生进行问答、对话、交流，或者参与评论和话题讨论，以实现博客共享，做到各尽所能、各取所需、互助协作、教学相长。

总之，创造"微平台"是一个新尝试，需要强调的是：在教育定位上，既要适合不同学生的自身特点，也要与其发展取向相吻合；在教育设置方面，既要精心构建微型化的专题教育体系，满足学生的多样化选择，也要完成不同需求下的微德育体验，引导大学生进行自觉的道德约束。

3. 开发"微产品"，实现"微体验"

（1）开发"微产品"，精心设计好"微内容"

所谓微内容（Micro content），是相对于传统媒体制作的宏内容（Macro content）而言的，微内容在理论上可以无极限生产和无极限传播。也就是说，是相对于我们在传统媒介中所熟悉的大制作、重要内容而言的。

从某种意义上来说，"最小的独立的内容数据"，也就是说互联网用户所生产的任何数据，都可以被称作微内容。一般来说，传统德育内容的规范化、系统性，往往是以一项大工程的形式来完成的。而微德育教育内容比较分散、细微甚至单一，但它更多注重的则是长尾效应。和传统德育教育通过工程形式来完成所不同的是，微德育是通过微内容来实现的。例如从形式来说，目前使用比较多的是图片、音视频、短语、各种微成品等等，而其教育内容主要有时是通过融入一张照片、一幅美术画、一个音视频文件、一段文字之中来展现的，当然更多的教育内容则是通过融入微博、微信、博客、微电影、微小说、微课堂、微活动等等来体现的。鉴于这种情况，微德育工作者需要花力气将现行的学校德育教育内容进行加工、改进、锻造和定制，使之适合各种微德育形式，同时也更加能够被受教育者所接受。

（2）打造"微活动"，激发学生活力

对于德育教育工作者而言，相比较传统的课堂主渠道，各种各样的来自基层的校园文化活动显然是长尾理论中的"尾部"，多彩的校园文化活动不仅丰富了校园生活，也锻炼了学生的心智和各方面的能力。但不可否认，目前学校尤其是高等院校中会出现这样的现象：每一项活动似乎只有少部分积极分子（主要是班级或校系学生会干部及社团人员）是主力和活跃参与者，大部分学生往往更愿意观望甚至漠不关心。长尾理论可以解释新媒体时代及其相关的无穷选择正在改变文化需求，需要我们把多数学生是否得到综合素质的锻炼，在锻炼中是否形成高尚品德，作为决定活动成败的关键。为打造好各项"微活动"，当前需要在三个方面加以改进：一是在活动组织上，要充分发挥学生的主体作用。要树立一切以学生需求为出发点的工作理念，精心组织，充实和加强力量，积极探索开展适合各类学生发展的不同层次的"微活动"。二是在活动方法上，要有选择性地降低活动的难度，多组织一些容纳性大、低门槛的活动，扩大参与面，让尽可能多的学生参与到活动中来。三是在活动内容设计上，要适度包容，重视研究学生多元化的需求，对那些不被多数人接受或者参与面小的活动，要正确地加以引导和整合，以增强学生的归属感和主人翁精神，真正体现德育教育无微不至的关怀。

4. 关注个性化，践行"微德育"

关注个性化需求，是长尾理论的核心理念，也是微德育最重要的理论支撑。在实施微德育的过程中，关注学生的合理需要与个性差异，不仅是认可和帮助学生实现各种合理需求的现实需要，也是顺利推进微德育实施的迫切要求。为此，要做好以下几个方面。

（1）要确立微德育中的个性化新理念

新媒体时代，基于长尾理论的微德育个性化理念，具有相对的延续性和明确的指向性。从微德育的实施情况来看，为体现延续性和指向性，当前需要确立如下理念。

①平等的理念

要尊重学生的个性发展，避免千人一面、千篇一律的教育模式，学会尊重学生的选择，既要对他们的个性发展提供帮助与指导，同时也要善于以现实生活中的典型事例、榜样激励来培养学生健全人格的发展。

②服务的理念

要求微德育工作者应切实根据学生的实际情况，有针对性地开展教育活动；同时，要与学生的创新性培养紧密结合，增强学生自主性的发展。

③包容的理念

微德育工作者要排除主观因素的影响，一视同仁，切实关心和包容每位学生，并最终实现与包容理念的有机结合。

④引导的理念

在开展个性化的网络虚拟实践活动中，要充分发挥教师的"引导"作用，引导大学生逐渐形成正确的思想观念、思想道德观点和道德行为。

（2）要关注并引领学生个性化需求的差异性

在微德育工作中，要应用长尾理论对受教育者这一群体进行个性需求细分，注意层次性，其基本思路如下。

①要对受教育者需求的差异性进行细分

要建立信息档案，深度研究不同学生的个性需求，并在实施共性教育的基础上，通过提供差异化的"微德育产品"，进行差异化的引领和教育，赢得大学生的认同。由于不同性别、不同地区、不同年龄层次、不同阶段的学生需求层次不一样，引发大学生进行判断并选择的个性需求不仅仅是靠调查和价值臆断就能发现的，教育者应站在学生的立场上.仔细观察和分析思考大学生潜在的真正需求，关注大学生需求的层次性，有的放矢，找准需要影响的学生。

②要树立关爱不同层次大学生的思想动态和行为习惯的观念

在战略上，要用科学的价值观和正确的审美情趣来引导其个性需求，在发挥"头部"聚合作用的同时，重视做好不同层次学生个性需求的细化工作。

③要积极引导不同层次的大学生学会体验

在策略上，要引导学生讲出自己对各种各样的非主流文化的理解，引发讨论甚至是争论，从自己、他人或者社会各个层面的故事中，体验什么是道德，从而构建正确的价值观。

（3）要实现微德育方法多样化

为适应新媒体时代网络技术的新特点，要注意实现微德育方法的多样化：

①建立综合型的微德育信息库，提供全面的微德育个性化信息

所谓综合型的微德育信息库，是指其内容既包括网络思想教育信息、网络教育信息，同时也包括网络心理健康教育信息、网络法制教育信息等方面的信息库模式。通过这类信息库的建设，以扩大微德育信息的渗透力，切实满足学生的个性化需求。

②构建个性化的微德育交流平台，实现个体交流

要根据在校学生的兴趣、爱好、学习需求、心理问题等不同情况，进行类别划分，相应设立网络思想德育网站或是专题栏目，使这种"小平台"成为学生个性化需求的一种特殊形式。

③融入学生网络生活，关注学生的思想动态和心理变化

要做到微德育内容立足于学生的实际生活、微德育过程贴近学生的实际生活，努力把实施微德育的过程转化为促进学生实现全面发展的过程。

（4）要构建微德育工作个性化教育评价机制

以往德育教育工作评价的最大弊端就是评价结论"一刀切"，抹杀了个性以及个体的爱好、

兴趣和特长，使评价最终流于形式。因此，构建科学、有效的微德育工作个性化教育的评价体系，要更加突出时代性、开放性、竞争性、整体性、针对性、层次性和实践性，根据学生在微德育过程中的实际情况设计多层次、弹性的目标体系，既要考虑到微德育工作的导向作用和激励功能，也要反映学生在微德育工作方面的具体差异和个性特征，使微德育工作的个性化教育评价更具人性和个性，更好地推动微德育实现效应最大化。

# 参考文献

[1] 陈敦山主编 . 德育与和谐西藏 [M]. 广州：中山大学出版社 .2019.

[2] 班建武主编 . 校长如何抓德育 [M]. 北京 / 西安：世界图书出版公司 .2019.

[3] 曲华君，罗顺绸，钟晴伟 . 德育教育与创新能力发展 [M]. 中国财富出版社 .2019.

[4]（中国）李刁 . 互联网 + 时代高校德育实践创新研究 [M]. 武汉：华中师范大学出版社 .2019.

[5] 高德胜著 . 生活德育再论 [M]. 北京：人民出版社 .2019.

[6] 杨迎春责任编辑；朱美燕 . 立德树人高校生活德育实践 [M]. 上海：上海交通大学出版社 .2019.

[7]（中国）常雪雁 . 德育研究思想在场听说读写辩 [M]. 成都：四川大学出版社 .2019.

[8] 周丽责任编辑；焦金波 . 多元文化中 "生活认知" 道德教育研究 [M]. 徐州：中国矿业大学出版社 .2019.

[9]（中国）何卫华 . 高等院校教材大学生劳动教育理论与实践教程 [M]. 厦门大学出版社 .2019.

[10] 刘向兵编著 . 新时代高校劳动教育论纲 [M]. 北京：社会科学文献出版社 .2019.

[11] 房淑杰，冯中鹏编著 . 德育 [M]. 阳光出版社 .2018.

[12] 金维才著 . 陶行知的德育哲学 [M]. 安徽师范大学出版社 .2018.

[13] 洪涌，冯浪主编 . 德育拾贝集 [M]. 北京：旅游教育出版社 .2018.

[14] 李岗，陶礼华主编 . 学科融合德育的研究与实践 [M]. 上海：上海社会科学院出版社 .2018.

[15] 严华银主编 . 德育课程：重要的是育人 [M]. 北京 / 西安：世界图书出版公司 .2018.

[16] 张虎著；张虎编 . 职校生心理需求与积极德育策略 [M]. 北京：知识产权出版社 .2018.

[17] 桂捷著 . 高校德育与心理健康教育研究 [M]. 沈阳：东北大学出版社 .2018.

[18] 白翠红著 . 高校德育思维方式发展研究 [M]. 广州：中山大学出版社 .2018.

[19] 王一鸣著 . 新形势下应用型高校德育和创新创业 [M]. 北京：光明日报出版社 .2018.

[20] 孔亮著 . 高校德育教育引入传统文化的创新研究 [M]. 北京 / 西安：世界图书出版公

司 .2018.

[21] 刘丽波主编 . 新时期高校德育教育创新发展研究 [M]. 石家庄：河北人民出版社 .2018.

[22] 陈娟著 . 传统文化与高校德育教育工作融合研究 [M]. 北京 / 西安：世界图书出版公司 .2018.

[23] 李颖，陈顺刚主编 . 德育 [M]. 成都：四川大学出版社 .2017.

[24] 韩传信著 . 学校德育的意蕴 [M]. 合肥：合肥工业大学出版社 .2017.

[25] 谭仁杰主编 . 地方院校德育研究 第 9 辑 社会实践与高校德育 [M]. 武汉：武汉大学出版社 .2017.

[26] 杨洋著 . 生命视阈下的传统道德与高等体育院校德育变革 [M]. 成都：电子科技大学出版社 .2017.

[27] 邵广侠著 . 生活德育的理论与实践 [M]. 南京：东南大学出版社 .2015.

[28] 袁本新著 . 高校人本德育研究 [M]. 广州：中山大学出版社 .2015.

[29] 李春成主编 . 高校青年德育新论 第 5 辑 [M]. 成都：四川大学出版社 .2015.

[30] 朱永新总主编；李学农本卷著者 . 中国教育改革大系 德育卷 [M]. 武汉：湖北教育出版社 .2015.